«*Está bien no estar bien* brinda un aire fresco y vivificante al precioso esplendor de la gracia de Dios. Sheila habla desde una perspectiva triunfante, basada en el conocimiento de que estamos destinadas a caminar "lado a lado con Jesús, aprendiendo a vivir con libertad y alegría". Su aliento y su valiosa orientación te proporcionarán las herramientas que necesitas para comenzar de nuevo y para que descubras que a través de Cristo siempre eres apta».

Lisa Bevere, autora superventas del *New York Times*
y cofundadora de Messenger International

«Esto puede parecer un libro, pero en realidad es como un salvavidas que hace sentir un verdadero alivio. Sheila Walsh no solo escribe palabras, vive sus palabras y la Palabra. Cuando las cosas no andan bien, sinceramente, no conozco una orientadora más sabia, más vivificante y que se aferre tanto a Cristo como Sheila Walsh».

Ann Voskamp, autora de los éxitos de librería *Quebrantamiento*
y *Un millar de obsequios* de la lista del *New York Times*

«En este poderoso libro, Sheila habla sobre la transformadora verdad de que la vida es un proceso y que Dios nunca nos deja ni nos abandona. Las soluciones rápidas son escasas, pero Cristo nos ofrece esperanza, sanidad y plenitud. Aunque no tengamos el bien aquí, tenemos a Cristo».

Christine Caine, fundadora de A21 y Propel Women

«*Está bien no estar bien* es una hermosa y práctica manera de avanzar a través del dolor que produce sentirse incapaz. Sheila nos recuerda que Dios está muy cerca y dispuesto a acompañarnos en lo más profundo de nuestra debilidad y nuestro sufrimiento».

Jennie Allen, autora de *Nada que demostrar*
y visionaria fundadora de IF: Gathering

«Cierto amigo me dijo, una vez, que a la gente no le interesa tanto lo que acertamos con la experiencia de la redención divina como cuando erramos. Sheila siempre es enérgicamente clara en cuanto a sus equivocaciones y hace de Jesucristo el único héroe de su historia. Su libro, *Está bien no estar bien*, es una obra muy alentadora y hasta transformadora, para los santos que tropiezan».

Lisa Harper, autora de libros más vendidos y maestra de Biblia

«La sabiduría y el ánimo que caracterizan a Sheila Walsh resplandecen en su libro más reciente: *Está bien no estar bien*. A través de historias personales y enseñanzas bíblicas, Sheila nos muestra que fracasar es normal, siempre y cuando volvamos a levantarnos; una lección de vida que he tratado de enseñar a nuestros hijos y de poner en práctica en lo personal. Después de leer este libro, estarás equipada e inspirada para luchar por más».

Korie Robertson, autora de *Strong and Kind: Raising Kids of Character* y protagonista de la serie *Duck Dynasty*

«Los momentos de la vida, buenos y malos, vienen en oleadas. A veces, en los que son difíciles, necesitamos palabras alentadoras y edificantes que sustenten nuestra alma. En su libro *Está bien no estar bien*, Sheila Walsh cuenta sus historias y acerca de su sabiduría para animarnos a comenzar de nuevo y avanzar paso a paso. Este libro nos recuerda que aun en los momentos oscuros, la luz de Dios está esperando al final de la tormenta».

Roma Downey, productora, actriz y autora superventas del *New York Times*

«He tenido el privilegio de conocer a Sheila por varios años, tiempo en el que solo he sabido que es un ejemplo sorprendente de gracia y coherencia. Aunque es tenaz y fuerte de espíritu, posee una ternura y una sensibilidad que permiten que tanto su historia como su perspectiva de vida resuenen en todos los que la conocen. Estoy segura de que su reciente obra, *Está bien no estar bien*, hará que las personas apunten a Cristo y que avancen debido a su naturaleza rigurosa, franca y genuina».

Bobbie Houston, copastora de la congregación Hillsong Church

«Si estás luchando, si estás cansada, si no estás bien, este libro es para ti. En estas páginas, Sheila Walsh nos recuerda que Cristo no ve nuestros fracasos, sino cuánto lo amamos. Léelo para que te motives y te inspires a seguir avanzando».

Mark Batterson, pastor principal de la congregación National Community Church y autor de best sellers del *New York Times* como *El hacedor de círculos*

«En las dos décadas de Women of Faith, Sheila ha hablado de sus luchas reales año tras año, brindando a millones de mujeres esperanza, ayuda y sanación. Su mensaje coherente ha sido que, para Jesús, no estar bien está bien. Ahora ha plasmado todo lo que ha pasado y todo lo que ha aprendido en este su libro más poderoso, útil y esperanzador hasta el momento, con el título de su perenne mensaje: *Está bien no estar bien*. No hay mejor comunicadora que Sheila Walsh, sea en persona o en forma impresa. Si te ha gustado escucharla o leer algo suyo querrás este libro, su mejor obra hasta ahora. Si nunca has leído nada de ella, empieza con este libro. Si no te gusta o si no te parece poderoso e inspirador, avísame y te devolveré el dinero de mi propio bolsillo. Me atrevo a hacer eso porque estoy seguro de que no te arrepentirás de leer *Está bien no estar bien*».

Steve Arterburn, fundador y presidente del programa radial *New Life Live!* y autor de best sellers

«¿Estás ansiando una segunda oportunidad? ¡Respira hondo y lee el nuevo libro de Sheila Walsh! Dios se encontrará contigo a la vuelta de estas páginas».

Karen Kingsbury, autora superventas # 1 del *New York Times,* por su libro *To the Moon and Back*

«¡Aquí está la revelación que has estado esperando! Permite que mi amiga Sheila Walsh te ayude a liberarte de las cadenas que te impiden encontrar gracia y esperanza a través de Cristo. No subestimes nunca tu potencial una vez que seas capacitada por el Dios que conoce todo de ti y que te ama por completo».

Lee Strobel, autor de best sellers como *El caso de Cristo* y *El caso de los milagros*

«Sheila Walsh escribe desde lo más profundo de su alma y conmueve vidas como pocas personas que conozco. *Está bien no estar bien* es un llamado a celebrar nuestra identidad y victoria en Cristo con el objeto de avanzar con fe y libertad. Como pastor y amigo de ella, recomiendo este libro de todo corazón».

Jack Graham, pastor de la congregación
Prestonwood Baptist Church

Está bien

NO ESTAR BIEN

Está bien

NO ESTAR BIEN

Avanza un
día a la vez

SHEILA WALSH

BakerBooks
a division of Baker Publishing Group
Grand Rapids, Michigan

Publicado por Baker Books
una división de Baker Publishing Group
P.O. Box 6287, Grand Rapids, MI 49516-6287
www.bakerbooks.com

Impreso en los Estados Unidos de América
Originalmente publicado en inglés con el título
It's Okay Not to Be Okay

ISBN 978-1-5409-0057-9

Desarrollo editorial: *Grupo Nivel Uno, Inc.*

A menos que se indique lo contrario, todos los textos bíblicos han sido tomados
de la Nueva Versión Internacional® NVI® © 1999 por Biblica, Inc.® Usada con
permiso. Todos los derechos reservados mundialmente.

El autor está representado por Dupree Miller and Associates, una agencia
literaria global.
www.dupreemiller.com

19 20 21 22 23 24   7 6 5 4 3 2 1

Este libro está dedicado con amor y admiración a cada alma cansada que cae y se levanta una y otra vez. Es fácil caer; mas se necesita valor para levantarse y dar el siguiente paso.

Contenido

Introducción

Está bien no estar bien

Desearía haber tomado entre mis manos mi cara veinteañera (recuperándose de un acné juvenil) y decirle: «Está bien no estar bien, lo aseguro». ¿Me habría creído? No lo creo. Estaba decidida a hacer todo bien.

Eso comenzó con una fotografía. Estaba limpiando gavetas un día cuando encontré una vieja fotografía debajo de un rollo de papel de regalo navideño. Me senté en el sofá y la analicé. Aparezco en un vestido blanco y con una toga de graduación, veintiún años, graduándome del seminario. Mi pelo es corto y oscuro. Me tomó casi tres años recuperarme de mi experimento con una permanente que me dejó el cabello hecho un desastre. En la fotografía estoy sonriendo, confiada, lista para conquistar al mundo para Cristo.

Me duele el corazón. Me gustaría decirle tantas cosas.

«¡Hidrata tu cuello! ¡Me lo agradecerás!».

Si solo tuviera diez minutos, dejaría la persecución. Le diría que esta no será la vida que se imaginó. Le indicaría que decepcionará a la gente y que la defraudarán a ella, pero que aprenderá de todo ello. Le diría que caerá una y otra vez pero, más que entender menos el amor de Dios, obtendrá más de él. Le haría saber que su corazón se va a destrozar, pero que sobrevivirá y cambiará la forma en que ve a las personas, no como causas para ser salvadas sino como seres a los cuales amar. Le diría que a veces la noche es muy oscura, pero nunca estará sola, aun cuando esté absolutamente convencida de que lo está.

Le haría saber que es amada. Le indicaría que se deshaga de su lista de cosas que cree que necesita para estar bien.

Viví gran parte de mi vida con una lista de cosas que cambiar, que hacer mejor; si no escritas en un papel, grabadas en mi mente. Creo que la mayoría hacemos eso y el mensaje siempre es el mismo: podemos hacerlo mejor.

¡No solo nos uniremos al gimnasio, sino que iremos!

Este nuevo plan dietético funcionará, de modo que para el verano estaremos listas para usar bikinis. (Nota personal: No te atrevas a comprar un bikini. Aun cuando seas muy delgada, las cosas no están donde solían estar y nadie más que tu amoroso esposo necesita saber eso.)

Volveremos a comenzar ese plan de lectura a través de la Biblia en un año. (El año pasado llegué al 7 de mayo y me distrajeron; en el momento en que me di cuenta, había dejado atrás Levítico completo, cincuenta y tres Salmos y el libro de Romanos.)

Nos recuperaremos de los gastos excesivos y arreglaremos las finanzas.

Cocinaremos comidas saludables y nutritivas para nuestra familia y nos sentaremos por lo menos cinco noches a la semana para cenar juntos en la mesa.

Reduciremos el tiempo de ver televisión y leeremos más libros.

Pero a veces los mensajes llevan mucho más peso.

Este matrimonio funcionará.

Saldremos de deudas.

Nuestros hijos volverán a Cristo.

Comeremos mejor para salvar nuestras vidas, no nuestras cinturas.

No sé cómo se ve tu lista, pero si es parecida a la mía, por lo general nos sirve para saber en qué hemos fallado. Las listas se escriben cuando los niños duermen o si has dormido bien y te has tomado una taza de café. El asunto es que los niños se despiertan y esa absurda mujer con la que trabajas se vuelve más ruidosa, más molesta a cada minuto, tanto que ninguna cantidad de café va a ayudar.

¿Y qué pasa con nuestras vidas espirituales? Esa puede ser la lista más crítica de todas. Cuando asumimos que el amor de Dios se basa en el comportamiento nuestro, es que nos hemos preparado para una caída devastadora.

Oraré más.

Difundiré mi fe en el trabajo.

Leeré mi Biblia desde Génesis hasta los mapas que están al final.

Confiaré en Dios sin cuestionarlo.

De modo que, ¿por qué, a este libro, le puse por título *Está bien no estar bien*? Es probable que estas palabras se te parezcan un poco a los mensajes de las calcomanías de los autos, pero para mí no tienen que ver nada con eso. Quiero que sepas que estas palabras son resultado de muchas luchas. Puede que luzcan como cuando te rindes y sacas una bandera blanca en señal de derrota; cinco palabras para rendirse, pero no son nada de eso.

¡Para mí son palabras de victoria!

He dejado de castigarme a mí misma tratando de llevar una vida que Jesús nunca me pidió que viviera. La vida de «recién salida del seminario, decidida a salvar al mundo, a amar a los que no son amados, de dormir nueve horas cada noche y nunca decepcionar a Dios»; una vida que traté de vivir por tanto tiempo.

No sé en qué punto de la vida te encuentras mientras lees esto, pero si pudiera sentarme contigo un momento, diría: «Respira profundamente y mantén la respiración durante cinco segundos, luego deja que salga. Otra vez. Otra vez».

Entonces te diría que *realmente* está bien no estar bien. Por eso vino Jesús.

Le entregué mi vida cuando tenía once años. En el momento en que escribo esto, tengo sesenta y uno. Son cincuenta años de caerme y volver a levantarme. Cincuenta años intentando ser digna de su amor. Cincuenta años de hacer las mismas cosas una y otra vez, con la esperanza de que ahora resulten diferentes. (Sí, sé que esa es la definición de locura.)

Estas son las buenas noticias: también son cincuenta años de fidelidad de Dios y a esa hermosa invitación de Cristo:

«Vengan a mí todos ustedes que están cansados y agobiados, y yo les daré descanso. Carguen con mi yugo y aprendan de mí, pues yo soy apacible y humilde de corazón, y encontrarán descanso para su alma. Porque mi yugo es suave y mi carga es liviana» (Mateo 11:28-30).

Qué hermoso escenario para comenzar de nuevo, al lado de Jesús, aprendiendo a vivir alegre y libremente.

Cierta vez leí un viejo proverbio chino que decía: «El primer mejor momento para plantar un árbol fue hace veinte años. El segundo es ahora».

Me gustó. Esas son palabras llenas de esperanza. Dicen que tenemos que empezar una y otra y otra vez. No importa lo que ocurra en tu vida en este instante, quiero recordarte que Dios te ama, ahora mismo, sin importar lo que pase alrededor o dentro de ti. Es posible que estas palabras no te agraden ahora, en este momento, si te encuentras en un lugar desconocido o estás pasando una temporada difícil.

Tal vez estés enfrentando el final de un matrimonio y te sientas como un fracaso o has sido traicionada y abandonada.

Es probable que tus hijos se estén yendo de tu nido y sientas que ya está vacío; que no tengas ni idea de hacia donde se debe dirigir tu vida ahora.

Tal vez hayas perdido a un ser querido y la idea de seguir adelante no solo parece imposible, sino que te hace sentir muy mal.

Puede que pienses: *Esto ya me ha pasado. Intenté comenzar de nuevo y no funcionó.*

O quizás, si eres sincera, estás demasiado cansada para intentarlo. Lo entiendo. También he pasado por eso.

Me gustaría decirte sencillamente, con gracia, que fuiste creada para más que eso. Que vale la pena que luches. Cristo pensó que valía la pena morir por ti. ¿Estarías dispuesta a abrir tu corazón ante la posibilidad de avanzar, día a día?

La vida rara vez ofrece soluciones rápidas; todo es un proceso, y Dios está en eso con nosotras, en todo el camino. Dios no busca perfección en nosotras; Él la ve en Cristo. No necesitas estar bien porque Jesús te ha hecho bien. Él pagó el precio en su totalidad. Él cubrió nuestro «malestar». Aunque no tengamos el bien aquí, tenemos a Cristo. Todo lo que Él busca en nosotras es que estemos dispuestas a dar el siguiente paso.

Aunque no tengamos el *bien* aquí, tenemos a Cristo. Todo lo que Él busca en nosotras es que estemos *dispuestas* a dar el siguiente paso.

Uno

Da el primer paso

Podrán desfallecer mi cuerpo y mi espíritu,
pero Dios fortalece mi corazón;
él es mi herencia eterna.

—Salmos 73:26

El siempre está compuesto de ahoras.

—Emily Dickinson

Eran las diez de la noche. No muy tarde para lo normal, pero bastante si has estado despertándote varias veces, sin poder dormir corrido, durante las últimas diez noches. Estaba tratando de acomodarme en la cama. Intentando relajarme un poco con el objeto de ver la competencia de patinaje femenino sobre hielo estilo libre, pero la señal de televisión acababa de irse… otra vez. Estaba a punto de lanzar el control remoto contra la pantalla del receptor. Mi esposo, Barry, estaba agotado y roncaba como si estuviera en una competencia que estaba ganando claramente. Pensé en darle un suave empujón, pero no tuve corazón para despertarlo. Había estado durmiendo en el sofá de la planta baja las últimas diez noches, de manera que volver a estar en nuestra cama era una dicha. Ahora bien, antes de que empieces a suponer algo o a orar por nosotros, debo decirte que no se trataba de problemas conyugales. Es que nuestro hijo de veintiún años de edad, vino a casa desde la universidad y le habían extraído las amígdalas y las adenoides. Estaba padeciendo demasiado dolor.

El médico nos dijo que esa era la cirugía más dolorosa que puede tener un adulto, pero fue peor que lo que imaginamos. El día de la cirugía de Christian, cometí el error de pedirle que abriera la boca para echarle un vistazo al interior antes de conducir a la casa semiconsciente.

Christian bajó la visera con espejo del lado del pasajero y se miró primero. Dirigió sus grandes ojos pardos hacia mí, claramente sorprendido y dijo: «Oh, Dios mío, mamá, ¡mira esto!».

¡Ah! Hay cosas que, definitivamente, no puedes ver. Parecía que el cirujano había agarrado una pala excavadora y hubiera cavado dos agujeros en la parte posterior de su garganta.

«Sí, eso es… bien, ahhh… bueno… hmm… Vamos a llevarte a casa», le dije.

Los primeros tres días fueron difíciles, pero cuando llegamos al cuarto, su dolor aumentó a un nivel completamente diferente. Estaba literalmente temblando de dolor. No podía comer, hasta beber le dolía. Le costaba tragar cualquier cosa. Tuve que mezclar sus pastillas para el dolor con gelatina para que se le deslizaran más fácilmente. El médico nos dijo que estuviéramos alerta para mantenernos pendientes del dolor y que nos aseguráramos de que tomara sus pastillas al tiempo indicado, así que programé la alarma para la medianoche, las cuatro de la madrugada y las ocho de la mañana. Barry durmió abajo en el sofá, fuera de su habitación, por si Christian necesitaba algo durante la noche. Ahora estábamos en el décimo día y las cosas, al fin, estaban empezando a mejorar.

Apagué el televisor, esperé diez segundos y lo encendí de nuevo. Nada. Estaba cansada pero completamente despierta, así que bajé las escaleras para hacerme una taza de té. Revisé a Christian mientras el agua hervía, estaba profundamente dormido. Era un cuadro acogedor. Hay tantas cosas que damos por hechas en nuestra rutina que las valoramos cuando se ausentan; como el simple regalo de que tu hijo duerma toda la noche. Pensé en las familias que tienen niños con enfermedades crónicas. ¿Cómo se las arreglan? No me lo imagino. Me detuve en la cocina y oré por las mamás y los papás que anhelan un descanso después de diez días, los que se les convierten en semanas y hasta meses. Empezaba a sentir que ahora sí podría quedarme dormida, así que subí a la habitación y me tendí en la cama. Fue entonces cuando sentí algo húmedo debajo de mí. Extendí la mano con cautela y descubrí, no algo húmedo sino un charco y una perra de aspecto tímido. Belle, la Bichón Frisé que duerme en nuestra cama, tiene catorce años, y fue en ese momento cuando parecieron surgir —al mismo tiempo— pensamientos como: *Necesito ir al baño* y *Acabo de ir al baño*. El veterinario nos dijo que debíamos ponerle pañales por la noche, pero con todo el ajetreo que tuve, lo había olvidado. Sin embargo, la parte más interesante fue tratar de ponerle el pañal a la reacia perrita en aquella oscuridad. Traté de ponerle la mitad y salió de la cama. En un momento, me di cuenta de que se lo estaba colocando en la cabeza. Al fin pude sujetarla y ponerle el pañal, cuando de repente la televisión comenzó a funcionar. Barry se levantó alarmado justo cuando me caí de la cama. Me senté en el suelo, al lado de la cama y comencé a llorar.

¿Alguna vez has tenido uno de esos días terribles, en los que no puedes más? Si tienes que lavar una carga más de ropa, hallar una receta más para el pollo o llevar a otro niño a una práctica deportiva, es posible que explotes físicamente. Lo que pasé en esos días no fue nada comparado con lo que muchas mujeres tienen que enfrentar, pero me sentí abrumada, aquello fue suficiente. Pienso en una querida amiga. Me cuesta imaginar con lo que ella trata a diario. Está confinada a una silla de ruedas y tiene que confiar en los demás para todo. No tiene familia en el lugar donde vive y depende de los trabajadores de la salud para que la bañen, le lleven su comida y cualquier otra cosa que uno pueda hacer por ella. Como tú y como yo, me imagino, ella quiere tener una vida que honre a Dios. Sin embargo, me ha dicho que a veces se siente como si no *fuera* capaz, como si no pudiera más.

Cuando me senté en el suelo aquella noche, compadeciéndome de mí misma, estaba cansada. Había comido demasiado puesto que estuve despierta durante la noche, tuve que cancelar mi cita en la peluquería para terminar de arreglarme las raíces de mi cabello porque ya estaba empezando a parecer un zorrillo y, además, estaba atrasada con mi estudio de la Biblia. Estaba decepcionada y desanimada. Todo lo que quería hacer era sacar del congelador el helado que Christian debía ingerir después de la cirugía y comérmelo todo. Creo que lo que más me desanimó fue la sensación de estar de vuelta en el mismo sitio, otra vez.

Como ves, en algún lugar de lo más profundo, aunque nunca lo admitiría ante nadie más que tú, creo que puedo ser una Supermujer. Soy demasiado vieja para algunas cosas, pero lo demás funciona. Quiero ser la mejor mamá del mundo. Quiero ser la mejor esposa del mundo. Quiero honrar a Dios con cada pensamiento y cada acción, pero no hago nada de eso. Ciertos días estoy muy consciente de la presencia de Dios, por lo que la oración y la acción de gracias fluyen fácilmente. Otros días abro mi Biblia y me parece seca, me cuesta mucho orar. Tengo la costumbre de abarcar demasiado. Quiero decir que sí a todo y ser una superheroína para Dios.

No creo que sea la única. He hablado con muchas mujeres que se sienten decepcionadas con sus vidas; es algo común. Sin embargo, me pregunto: ¿nos desanimamos debido a las expectativas poco reales que nos imponemos nosotras mismas, esperando ser lo que Dios nunca ideó que fuéramos? Medita un momento en ello. ¿Cuántas veces sientes que eres incapaz? Me pregunto de dónde sacamos eso de que somos «incapaces». Considera un típico domingo por la mañana: Al fin tienes a todos listos para ir a la iglesia, los montas en el coche, los dejas en cada una de sus clases y te dejas caer en tu asiento. Al principio, te es difícil participar en la adoración debido a un millón de cosas que pasan por tu cabeza, pero al fin sientes la presencia de Dios, de modo que enfocas tu corazón y tu mente. El mensaje de esa mañana parece estar hecho a tu medida. Cada porción de la Escritura te habla y te anima. Recuerdas quién eres realmente; no eres solo la madre de Sam o la esposa de David. Eres una hija de Dios y eres amada. En el camino a casa, incluso piensas en una novedosa forma de cocinar pollo. Pero entonces, viene el lunes.

Lunes por la mañana: Jesús

¿Qué pasa entre el domingo y el lunes? ¿Por qué parece que el lunes por la mañana Jesús no está tan claro y presente como lo está, a veces, el domingo temprano? Cuando dejamos el servicio dominical, creemos que algunas cosas son ciertas:

Que soy hija de Dios.

Que Dios me ama tal como soy.

Que todas las cosas operan para el bien de los que aman a Dios.

Que Dios es por mí.

Que mis oraciones cuentan.

Sin embargo, a medida que avanzamos en la semana, es más difícil creer que Dios nos ama tal como somos porque, francamente, no nos amamos a nosotras mismas en esa misma medida. Siempre hay cosas que queremos cambiar en cuanto a nosotras. Nos comparamos con otras mamás que van juntas en un solo auto al trabajo y, al sacar cuentas, quedamos mal.

Recuerdo la primera mañana de Christian en segundo grado, después de que nos mudamos a Dallas. Entré en su clase con todas las otras mamás y vi que varias de ellas usaban faldas de tenis que dejaban ver sus piernas bronceadas y tonificadas. Las mías no han sido bronceadas ni tonificadas nunca... bueno... no importa. Una de ellas se me acercó y se me presentó sola; y lo primero que hizo fue darme una tarjeta (sí, en serio, una tarjeta de negocio), era del mejor cirujano plástico de Dallas. Recuerdo que murmuré algo así como que si alguna vez sufría un accidente automovilístico, lo llamaría. ¡Cosas del momento! La mayoría de las situaciones no son tan extremas, pero creo que a todas nos pasa. Nos comparamos con lo que vemos en las demás y, al hacerlo, pensamos que nunca daremos la talla. Sin embargo, lo que debemos recordar es que otras mujeres también se están comparando con las demás. Es un vicioso juego de artilugios complicados en el que nadie gana.

Entonces, ¿qué hay con aquello de que a los que aman a Dios, todas las cosas les ayudan a bien? ¿Qué pasa con eso cuando algo realmente duro golpea a tu familia? ¿Cómo puede ser bueno lo que está sucediendo en este momento? Es difícil no hacerte esa pregunta en el fondo de tu mente: ¿Está Dios realmente escuchando mis oraciones, porque nada parece estar cambiando?

Tal vez tu situación sea aún más difícil que esa. Ni siquiera sientes la presencia de Dios en la iglesia. Tal vez dejaste de ir por algo que alguien te dijo, o miras a todos los demás a tu alrededor que parecen estar «entendiéndolo» y tú, si eres sincera, no entiendes nada. Es posible que hayas hablado de algo con lo que estás luchando en un grupo pequeño y viste que los demás se sorprendieron. Ahora te miran diferente. Esa es una situación muy solitaria y aislada para cualquiera.

Quiero decir algo, alto y claro, en este primer capítulo: ¡está bien no estar bien! La conclusión es que nunca fuimos diseñadas para ser todo para todos. La vida es dura y todos enfrentamos problemas. Los que dicen que no tienen ningún problema están haciendo una de dos cosas:

1. Ocultando sus problemas.
2. Pretendiendo que no tienen ninguno.

Volveré a eso en un momento.

Quiero aclarar que este no es un libro de autoayuda, para sentirse bien consigo misma. Eso podría ser de ayuda en cierto momento, pero cuando la primera tormenta ataque, cada palabra se desvanecerá como el rocío de la mañana. Lo que quiero que veamos es esto: ¿Qué dice Dios acerca de lo que somos? ¿Espera Él que tengamos todo bien organizado y por qué siempre sentimos que hay algo que no encaja bien?

Para eso tendremos que remontarnos a nuestra historia.

Plan A

Entonces Dios el Señor hizo que el hombre cayera en un sueño profundo y, mientras este dormía, le sacó una costilla y le cerró la herida. De la costilla que le había quitado al hombre, Dios el Señor hizo una mujer y se la presentó al hombre, el cual exclamó:

«Esta sí es hueso de mis huesos
   y carne de mi carne.
Se llamará "mujer"
   porque del hombre fue sacada».

Por eso el hombre deja a su padre y a su madre, y se une a su mujer, y los dos se funden en un solo ser.
En ese tiempo el hombre y la mujer estaban desnudos, pero ninguno de los dos sentía vergüenza (Génesis 2:21-25).

Génesis 2 describe la creación de Adán y Eva. Es algo difícil entender eso, puesto que nunca hemos experimentado ese tipo de vida perfecta. Ellos estaban desnudos, pero no sentían vergüenza alguna. Eso es mucho más que el simple hecho de que Adán y Eva se sintieran bien andando desnudos por el jardín. Así es como siempre debieron ser las cosas. No había barreras entre ellos y Dios. Sus emociones estaban desnudas.

No tenían vergüenza.
No tenían miedo.
No sentían culpa.
No tenían cuestionamientos.
No había comparación.
No había enfermedad.

Sin embargo, todo cambió. Al rebelarse contra las instrucciones que Dios les dio acerca de comer de cualquier árbol en el jardín, menos del árbol del conocimiento del bien y del mal, la vida —tal como la conocían hasta ese momento—, se les hizo añicos. En Génesis 3:7 leemos: «En ese momento se les abrieron los ojos, y tomaron conciencia de su desnudez. Por eso, para cubrirse entretejieron hojas de higuera». La historia continúa en el versículo 10, cuando Dios le pregunta a Adán dónde está: «El hombre contestó: Escuché que andabas por el jardín, y tuve miedo porque estoy desnudo. Por eso me escondí».

¡Ahí está!

Vergüenza.
Temor.
Encubrimiento.
Ocultamiento.

. . . cosas que hemos estado haciendo desde entonces.

Desde ese día en adelante, nunca ha nacido un hombre ni una mujer que no tenga que lidiar con esas emociones. Son el legado del plan B.

Creo (y esto es solo mi creencia) que algo del ADN del Edén permanece muy dentro de nosotros.

Sabemos que las cosas deberían ser diferentes.
Sabemos que deberíamos ser mejores.
Sabemos que la vida debe ser justa.
Sabemos que la muerte es mala.
Sabemos que algo está mal en todo y tratamos de solucionarlo. Pero lo cierto es que no podemos hacerlo.

Por eso vino Cristo, el segundo Adán. Cristo no vino para hacer que la tierra volviera a ser como el Edén en el momento de su nacimiento. Él vino para pagar el precio de nuestra rebelión y nuestro pecado con el fin de hacer posible que tú y yo, a través de la fe en Cristo, pasemos la eternidad con Él. Por tanto, todo lo que se perdió será restaurado. Veamos un anticipo de la mayor atracción que viene:

Después vi un cielo nuevo y una tierra nueva, porque el primer cielo y la primera tierra habían dejado de existir, lo mismo que el mar. Vi además la ciudad santa, la nueva Jerusalén, que bajaba del cielo, procedente de Dios, preparada como una novia hermosamente vestida para su prometido. Oí una potente voz que provenía del trono y decía: «¡Aquí, entre los seres humanos, está la morada de Dios! Él acampará en medio de ellos, y ellos serán su pueblo; Dios mismo estará con ellos y será su Dios. Él les enjugará toda lágrima de los ojos. Ya no habrá muerte, ni llanto, ni lamento ni dolor, porque las primeras cosas han dejado de existir» (Apocalipsis 21:1-4).

Ese será un día como ningún otro. No más muerte ni sufrimiento. No más cáncer ni enfermedad. No más relaciones rotas ni corazones desgarrados. Todas estas cosas se habrán ido para siempre. ¡Aleluya! Sin embargo, todavía no estamos ahí. Estamos viviendo el periodo posterior a la caída y eso es difícil. También es importante recordar que es aquí donde estamos.

Está bien no estar bien, porque todavía no estamos en casa. Está bien que no seamos competentes porque Dios no nos pide que lo seamos.

Lo que Él quiere es mudarse, mudarse a nuestros corazones y a nuestros hogares, a nuestras mentes y estar presente en nuestras luchas. Jesús no es una etiqueta (o hashtag) de las redes sociales que agregues a tu vida. Él quiere ser tu todo.

#Jesús

Viví gran parte de mi vida con Jesús como mi hashtag. No quería hacer eso. No sabía que lo estaba haciendo, pero lo hacía. Ya sea que estuviera tratando con la pérdida, la depresión, con dificultades financieras o relacionales, hacía todo lo posible por arreglar las cosas. Me esforzaba por hacer lo mejor y luego le pedía a Jesús que me ayudara. Era como si la oración fuera un complemento y Cristo solo participara una vez que yo hiciera mi mejor intento. Esa no es la forma con que fuimos diseñados para vivir en el plan B. Incluso el gran apóstol Pablo luchó por comprender eso.

En 2 Corintios 12, Pablo habla de una experiencia milagrosa que tuvo con Dios cuando fue llevado a otro mundo, al que llama el paraíso. Esa palabra, *paraíso*, proviene de un vocablo persa que significa «jardín amurallado». Cuando un rey persa quería transmitir un gran honor a un hombre o a una mujer, le invitaba a caminar en el jardín con él. Esta es una hermosa imagen de un momento muy íntimo que Pablo tuvo con Dios. Es probable que Pablo tuviera una idea de cómo era el plan A, o tal vez vio nuestra gloria venidera, pero fue solo por un tiempo. Luego continúa escribiendo sobre el regreso a la realidad del plan B.

El apóstol sigue escribiendo en el capítulo 12 sobre una «espina en el cuerpo» con la que estaba luchando. Los teólogos, a lo largo de los siglos, han debatido sobre qué era aquella espina de Pablo. Para nosotras, la respuesta a eso no es importante. Lo que importa es lo que Dios le dijo a Pablo.

Tres veces le rogué al Señor que me la quitara; pero él me dijo: «Te basta con mi gracia, pues mi poder se perfecciona en la debilidad» (2 Corintios 12:8-9).

Pablo es débil. No se siente apto. Le duele y le está pidiendo a Dios que arregle eso, que le quite la debilidad. Dios dice que no. Luego le dice estas dos cosas:

Te basta con mi gracia.
Mi poder se perfecciona en la debilidad.

La palabra *skolops* que se usa en este pasaje puede traducirse como «espina», pero es tan probable como «estaca». La imagen de una estaca corresponde a algo que se dirige directamente al corazón. Sea lo que fuera, aquello le costó caro a Pablo. Así que aquí tenemos a un hombre que había sido cegado por una visión del Cristo resucitado (Hechos 9:3-4), había sido usado para salvar innumerables hombres y mujeres, y se le había dado una visión de Dios tan excelsa, tan superior a nuestro entendimiento, que no pudo hablar de ello. Sin embargo, aquí se sinceró de corazón y nos informó que «*No estoy bien, no me siento apto*».

La respuesta de Dios a Pablo es la misma que nos responde a nosotros.

Te basta con mi gracia.
Mi poder se perfecciona en la debilidad.

¿Qué es la gracia? Cantamos acerca de ella, hablamos de ella, pero ¿qué es la gracia de Dios? ¿Cómo cubre nuestra *insuficiencia*? La gracia es un don único para aquellos que tienen relación con Dios. Ninguna otra religión ofrece gracia.

Hace poco estuve en Camboya trabajando en el rescate de niñas atrapadas en el tráfico sexual y tomé una foto que mostraba la profunda diferencia entre nuestro amoroso Dios, que en Cristo se convirtió en un bebé —literalmente adquirió el tamaño de un zapato—, y los dioses del sudeste asiático. Yo estuve trabajando esa mañana en el peor barrio marginal en el que he estado. La gente allí vive en chozas arruinadas sobre basureros. Cuando el sol brilla, el hedor es casi insoportable. De modo que salí para respirar un poco y vi que el barrio estaba precisamente al lado de un enorme y ornamentado templo de reciente construcción. Los adornos del techo estaban cubiertos de oro. Le pregunté a mi traductor por qué parte de ese dinero no se gastaba en las personas que viven en pobreza extrema. Me dijo que los sacerdotes creen que no se debe ayudar a los pobres, ya que ellos son culpables de su precariedad. Si los pobres toman lo poco que tienen y se lo dan a los sacerdotes del templo, la próxima vez podrían reencarnar en una situación mejor. Eso es lo que ellos llaman karma. Nada de misericordia, nada de gracia, nada de esperanza.

Cuando estaba en el seminario en Londres, solía visitar la Iglesia de Todos los Santos para escuchar a John Stott con sus enseñanzas. Así es como él describió la gracia: «La gracia es el amor que se preocupa, se inclina y rescata». La gracia es lo opuesto al karma. Obtenemos lo que no merecemos: el amor, la misericordia, el perdón de Dios. La gracia es un favor inmerecido. La gracia está aquí para ti en este momento, en medio de lo que es difícil o lo que no funciona. El escritor de Hebreos lo describió de esta manera: «Así que acerquémonos confiadamente al trono de la gracia para recibir misericordia y hallar la gracia que nos ayude en el momento que más la necesitemos» (Hebreos 4:16).

Dios dice que su gracia es suficiente para ti, pero el texto continúa diciendo: «pues mi poder se perfecciona en la debilidad» (2 Corintios 12:9). No dice: «Si estás un poco escaso de fuerzas algún día, Pablo, puedo compensar la diferencia». No. Deja en claro que nunca se supone que seamos fuertes por nosotras mismas. Es solo cuando reconocemos nuestra debilidad que la fuerza de Dios brilla y es perfecta. Esto me hace volver a algo que ya dije, que podría haber parecido duro. La conclusión es que no fuimos diseñadas para ser aptas. La vida es dura, todas enfrentamos problemas. Quienes digan que no tienen ningún problema están haciendo una de estas cosas:

1. Ocultan sus problemas.
2. Pretenden que no tienen ninguno.

Al vivir bajo la presión de que tenemos que ser capaces, pero nos decepcionamos con la posición en que estamos, creo que en realidad tenemos tres opciones:

1. Permanecer escondidas. Esa es una posición muy desesperante para descansar. Conduce a sentimientos de pesimismo, creyendo que nada mejorará nunca. La desesperación puede llevar a la depresión o a la ira. Nos hace cortar las relaciones y retirarnos. ¿Alguna vez has estado ahí? Yo sí. Quizás tengas una relación en este momento que no está funcionando y no sabes qué hacer. Has intentado realizar cambios pero la otra persona no responde, por lo que te sientes frustrada y enojada. Tal vez estás en un trabajo que no te gusta y no ves una salida. Te sientes atrapada.

2. Fingir que no tenemos problema. Encuentro el nivel de negación en el cuerpo de Cristo profundamente preocupante. La iglesia debería ser el mejor lugar del mundo para mostrarte como realmente eres y decir la verdad, pero a menudo es lo contrario. Sonreímos y decimos que estamos bien mientras arrastramos nuestros corazones cansados y unas cargas insoportables a través de las puertas de la iglesia, y con demasiada frecuencia salimos de la misma manera. ¿Por qué fingimos que estamos bien? Tal vez sea porque la verdad nos avergüenza. No queremos que la gente nos

menosprecie. Tememos que nos rechacen. Creemos que se supone que debemos estar bien porque todos los demás parecen estarlo. Hice eso por años. Cuando presentas un programa de entrevistas cristiano en vivo, como lo hice durante cinco años, pero en el interior apenas estás pendiendo de un hilo, ¿qué haces? Sonreía para cubrir mi dolor a pesar de que estaba muriendo por dentro. Puede que seas muy popular, pero te sientes desesperadamente sola. Pretender que estamos bien cuando no lo estamos, nos lleva a la ansiedad y al temor. Tenemos miedo de que alguien nos vea de verdad.

Así que descubrí una tercera vía:

3. Sostener una conversación franca y sincera con Dios.

Me mantuve haciendo ambas cosas hasta que no pude más. Recuerdo una noche en mi habitación, en la que literalmente inundé el piso con mis lágrimas. Estaba cansada de fingir tenerlo todo, de que todo estaba bien. De modo que, le dejé todo a Dios. Le dije que estaba asustada, enojada, cansada, triste, sola, confundida y todo lo demás que podía pensar. No me refrené. Lo dejé todo.

Creo que mis últimas palabras fueron: «Ya no puedo con esto».

En lugar de sentirme rechazada por mi precario arrebato, sentí como si Dios se inclinara y dijera: «Lo sé. He estado esperando».

El primer paso para avanzar

Dile toda la verdad a Dios. No importa lo que sea, derrámala toda. Puede ser un devaneo, una adicción, un aborto. Puede ser que estés tan decepcionada que odies la posición en que estás en la vida. Puede ser que tu esposo nunca te preste atención ni te escuche. Quizás tus hijos sean una decepción y no sepas si estar enojada contigo misma o con ellos. Tal vez estás divorciada y nunca te preparaste para la vida que ahora tienes que vivir. Sea lo que sea, Dios lo sabe y te invita a caminar con Él en el jardín y a decirle toda la verdad.

Confía siempre en él, pueblo mío;
ábrele tu corazón cuando estés ante él.
¡Dios es nuestro refugio! (Salmos 62:8).

Cuando comencé a escribir este libro, quise hacerlo muy versátil, muy práctico. He contado mi historia en otros libros, pero a veces me pregunto si le dejé a mi lector el siguiente mensaje: «¿Y ahora qué?». Por eso quiero darte más. Así que al final de cada capítulo, brindo algunas herramientas, unos pasos sencillos que puedes seguir para avanzar. Elige uno que te parezca sensato (o todos los que pienses que lo son). Incluso puedes querer escribir tus propios pasos, los que te parezcan más auténticos, pero trata de no apresurarte con estos. ¡Tú cuentas! Comenzar cualquier cosa en la vida es difícil. El primer paso es el más duro. Es una decisión, un compromiso de cambio. Aunque ese primer paso sea como el de un bebé, estarás más adelantada que cuando empezaste. Pídele a Dios que te ayude. Invita al Espíritu Santo a que te guíe.

Aunque ese *primer paso*

sea como el de un bebé,

estarás más

adelantada

que cuando

empezaste.

Un paso a la vez

Dile toda la verdad a Dios

1. ¿Alguna vez has pensado en escribirle una carta a Dios? Puede que te sorprenda lo que obtienes cuando lo haces. No te refrenes, solo comienza. Dile todo a Dios. Hay algo acerca de la práctica de escribir que comprende una parte distinta de tu cerebro. Si te ayuda, léelo en voz alta o en silencio en presencia de Él.

2. Encuentra un lugar tranquilo para caminar y meditar en el Salmo 61:2:

> Desde los confines de la tierra te invoco,
>> pues mi corazón desfallece;
>> llévame a una roca donde esté yo a salvo.

Aun cuando David estaba agotado, con el alma cansada, invocó a Dios. No sé dónde estés ahora. Es posible que hayas abandonado a Dios y a ti misma, pero Él no se ha dado por vencido contigo. Puede que tengas miedo de esperar otra vez, pero la esperanza comienza como una pequeña gota de lluvia. Mi oración por ti es que te esfuerces lo máximo a medida que avances, aunque sea con los pasos más pequeños.

Dos

Admite que estás estancada y luchando

Pues los sufrimientos ligeros y efímeros que ahora padecemos producen una gloria eterna que vale muchísimo más que todo sufrimiento. Así que no nos fijamos en lo visible, sino en lo invisible, ya que lo que se ve es pasajero, mientras que lo que no se ve es eterno.

—2 Corintios 4:17-18

Cuando las cosas se deshacen, las piezas rotas permiten que entren todo tipo de cosas, y una de ellas es la presencia de Dios.

—Shauna Niequist

En la mayoría de las ciudades, a las cinco de la tarde, el tráfico es malísimo; y Dallas no es la excepción. Estaba ante un semáforo en rojo repasando mentalmente la lista de todo lo que tenía que hacer en los próximos días. Christian estudiaba en la escuela secundaria y creció como repentinamente.

1. Los pantalones largos encabezaron la lista.
2. Necesitaba arreglarme las uñas porque ese fin de semana estaba dictando una conferencia, lo cual me recordó que...
3. Debía recoger mi ropa en la tintorería.

Esperaba tener algo en el refrigerador que pudiera preparar para la cena, ya que no tenía energías para entrar a hacer compras en un supermercado lleno de gente. Mientras esperaba que la luz cambiara a verde, miré el indicador de gas que estaba llegando a vacío. *Me ocuparé de eso mañana*, pensé.

La lista de mañana se hacía más larga. Finalmente, el tráfico comenzó a moverse. El sol estaba casi en su ocaso cuando giré hacia el callejón sin salida de mi casa. Le hice un gesto de saludo a mi vecino, que estaba jugando con su nuevo cachorro en el césped, me detuve en la entrada y entré al garaje. Apagué el motor, agarré mi bolso que estaba en el asiento del pasajero y me dirigí al interior de la casa. A través de la ventana de la cocina pude ver a Barry y a Christian jugando al fútbol bajo los últimos rayos de la luz del día. Aquello me hizo sonreír. Barry no creció practicando deportes, pero quería asegurarse de que Christian no se perdiera nada.

Me dirigí a abrir el congelador y, en ese momento, sentí como si alguien me hubiera apuñalado en la parte baja de la espalda. Grité de dolor. Poco a poco me di la vuelta y me aferré al mesón de la isla de la cocina. No sabía lo que había sucedido. Me quedé ahí por un momento, recuperando el aliento. Con cautela, di un paso hacia adelante para ver si podía caminar, y no sentí dolor; parecía que estaba bien. Creí que debí haberme pinchado un nervio por un instante y luego se volvió a su lugar. No le mencioné nada de eso a Barry esa noche, puesto que él se preocupa mucho. (Christian y yo lo apodamos cariñosamente Ígor [o Eeyore, en inglés], el burro de los cuentos de Winnie Pooh que espera que los desastres se produzcan a cada momento). En los días subsiguientes estuve bien hasta que, una mañana cuando salía del auto, sentí como si mi espalda estuviera bloqueada y no pude moverme. Un dolor recorrió mi espina dorsal y mi pierna. Al fin, me senté de nuevo en el asiento del conductor y esperé a que el dolor pasara. Temía moverme.

Sentía como si pudiera dañar algo, así que me quedé allí hasta que Barry regresó a casa y me ayudó a salir del coche.

En las siguientes semanas, los episodios de dolor de espalda y dificultad para caminar eran más fuertes y más frecuentes. A ese punto, no era solo Barry el que estaba preocupado. Sabía que necesitaba ver a mi médico. Cuando este vio el grado de dolor y cómo se complicaba mi capacidad para caminar, me refirió a un neurocirujano. Durante las semanas subsiguientes me hice radiografías y una resonancia magnética. Luego, el médico ordenó una tomografía computarizada con un tinte de color inyectado en mi columna vertebral. Cuando tuvo todos los resultados, nos llamó de nuevo a su oficina. Explicó que dos de los discos en la parte inferior de mi columna vertebral casi habían desaparecido y que los nervios estaban apretados entre los huesos. El dolor ahora se había extendido de mi espalda a mi pierna izquierda. Apenas podía caminar.

«Podemos probar con inyecciones de cortisona para controlar el dolor y reducir la inflamación», dijo. «Pero no estoy seguro de que sea suficiente. Puede que necesite una cirugía».

Decidí comenzar con las inyecciones, ya que había escuchado algunas historias horrorosas acerca de las cirugías de espalda, por lo que me refirió a un médico para el manejo del dolor. La primera inyección de cortisona no alivió el dolor en absoluto; lo intentó una vez más, pero no hizo nada. Me estaba debilitando y sintiendo más dolor cada día. Por entonces pasaba la mayoría de los días en la cama. Me sentía como una anciana, como alguien que había perdido su vida. La depresión clínica que parecía controlable en el pasado ahora amenazaba con consumirme por completo. Hacía unos meses tuve tantas oportunidades maravillosas en el horizonte. Tenía un itinerario completo de conferencias por exponer y se me abría una puerta en la televisión, pero ahora sentía como si todas esas puertas me hubieran golpeado el rostro y quedé sola, en el pasillo.

¿Te ha pasado eso? Las circunstancias son diferentes para cada persona, pero los sentimientos son similares. Es probable que creyeras que la relación que tenías estaba creciendo y que te llevaba a una nueva posición en la vida. Si se trataba de una relación romántica, sentías como si se hubiera abierto una hermosa puerta a tu futuro, de modo que veías todo a través de esa puerta. Pero, de repente y sin previo aviso, todas tus esperanzas y sueños quedaron al otro lado y la puerta se cerró en tu cara. Eso fue lo que le pasó a una amiga mía. Fue desgarrador. Para ella, cada cosa negativa, cada palabra desagradable que alguna vez se le había dicho fue anulada por el resplandeciente anillo que lucía en su mano izquierda. Eso le comprobaba que merecía ser amada. Cuando el compromiso se rompió, no solo destruyó sus planes, sino también su corazón y su visión de sí misma. Parecía marchitarse como una flor sin agua. Estaba sola, en el pasillo.

Es probable que hayas deseado ser madre. Has visto cómo tus amigas han acogido no solo uno, sino dos o tres hijos en sus familias. Celebras con ellas, pero algo dentro de ti te duele. Has hecho todo lo que sabes. Te has sometido a todos los agotadores y costosos procedimientos con la esperanza de convertirte en madre, pero todo el tiempo te dan portazos en la cara. Recibí una carta de una mujer que no me dio su nombre ni dirección alguna, pero me dio un panorama de su vida. Había intentado embarazarse por años hasta que, finalmente, ella y su esposo ahorraron suficiente dinero para intentar con la fertilización in vitro. Puedo imaginarme su alegría cuando descubrió que estaba encinta, pero ese gozo desapareció rápidamente. Llevó su bebé dentro por ocho semanas y luego abortó. Qué puerta tan particularmente cruel para que la cierren en tu cara.

En su carta planteó la siguiente pregunta:

«*¿Cómo puede un Dios amoroso permitir que esto suceda?*».

Casi podía escuchar el gemido solitario y desesperado que surgía de aquel papel; era tan conmovedor que lloré por ella. La puerta que se había cerrado tan brutalmente hizo que se quedara sola, en el pasillo.

Hay muchas cosas que suceden en la vida que se sienten como un terrible portazo.

El final de una amistad muy querida.
La pérdida de un empleo.
Un divorcio que nunca viste venir.

Un hijo que se aleja de ti.

Un problema de salud devastador.

Las circunstancias son diferentes para cada persona, pero los sentimientos de rechazo, aislamiento o el corazón roto son aplastantes. Lo que hace que esas situaciones sean mucho más difíciles de soportar es que no tuviste otra opción, ni nada que decir respecto a ellas. Me he preguntado si la mujer que perdió a su bebé no me dio un nombre o dirección porque se sentía avergonzada de hacer esa pregunta.

«¿Cómo puede un Dios amoroso permitir que esto suceda?».

Esa señora no debe avergonzarse por la pregunta ni por la ira, ni por el dolor generado. Su cuestionamiento es válido. ¿Cómo podrías perder a un hijo y no gritar: «Por qué»? ¿Cómo *puede* un Dios de amor permitir que sucedan tales cosas? Tememos formular ese tipo de preguntas, o gritarle a Dios, porque estamos solas en nuestro dolor. Creo que esa es una de las cosas más difíciles de experimentar tales portazos: la soledad que sientes. Si hay algún ser querido cerca, puede que empatice contigo, pero no puede entrar en la profundidad de la devastación. La vida sigue adelante para ellos, pero no para ti. Estás atrapada en el pasillo. Si no tienes a nadie cerca de ti, la noche es aún más oscura. A menudo me he preguntado si algunos de los niveles epidémicos de depresión y ansiedad en nuestra cultura se derivan no solo de una falta de sustancias químicas en el cerebro, sino de una falta de conexión en nuestras vidas. Las redes sociales nos han hecho creer que no estamos solas. Podemos ver la cantidad de «seguidores» que tenemos, pero eso no equivale a tener conexión con ellos. A su vez, podemos seguir a muchas personas, celebridades que nunca conoceríamos en nuestras vidas normales, y sentir que tenemos cierta conexión con ellos, pero es una ilusión. Si nos encontráramos con ellos en la calle, ni nos notarían. Tener un teléfono inteligente en ese pasillo vacío no satisface nuestras verdaderas necesidades humanas.

Medita en tu vida por un momento. ¿Puedes identificar algún instante en que sentiste un portazo estremecedor? Puede que te haya pasado y seguiste adelante; pero ¿qué hiciste con los sentimientos que a menudo vienen con ellos? En lo particular, descubrí que enterrar esos sentimientos no hacía que desaparecieran; más bien, acarreaban ira, miedo y depresión. Pensaba que había seguido adelante, pero llevaba el peso de esas crueles emociones no expresadas conmigo. Puede percibirse como más «cristiano» no llevar nuestra ira, nuestro dolor o nuestra decepción ante Dios, pero creo que eso —en realidad— es la antítesis de una relación real con Cristo. Con cada experiencia que sepultamos nos volvemos un poco menos auténticas. Piensa en eso. Si le has pedido a Dios que intervenga en una situación —ya sea para sanar o restaurar una relación—, y nada cambia, de modo que simplemente cubres tus sentimientos, ¿no crees que ello afectaría tu fe? ¿Cómo orarías la próxima vez? ¿Orarías con la misma intensidad y pasión o aminorarías el grado de lo que crees que Dios puede o quiere hacer? Creo que la iglesia está llena de cristianos decepcionados que no saben cómo admitir eso. Por tanto, ¿cuál es la alternativa? ¿Dónde llevar ese dolor y esas preguntas cuando la vida se siente brutal e injusta? ¿Cómo derramamos nuestros corazones ante Dios cuando sentimos que Él es quien nos ha decepcionado?

Cuando me siento desilusionada, recurro a la Palabra de Dios. No sé qué lugar tiene, si es que ocupa alguno, la Palabra de Dios en tu vida; pero en la mía es el agua y el aire; es mi alma. Cuando me siento sola y a la deriva, abro sus páginas para encontrarme de nuevo. La Biblia no es una aplicación de Pinterest con pensamientos gratos y dichos motivacionales; al contrario, está llena de clamores sinceros y desconsolados de personas que amaban a Dios pero sentían el doloroso golpe de una puerta en el rostro.

El profeta Jeremías estaba cansado de esperar que Dios apareciera:

> ¿Por qué no cesa mi dolor?
>   ¿Por qué es incurable mi herida?
> ¿Por qué se resiste a sanar?
>   ¿Serás para mí un torrente engañoso de aguas no confiables?
>   (Jeremías 15:18).

Su grito es claro. *¡Basta, Dios! Estoy agotado. ¿Cuándo vas a manifestarte?*

Job, por otra parte, maldijo el día en que nació:

> Que perezca el día en que fui concebido
> y la noche en que se anunció: «¡Ha nacido un niño!»
> Que ese día se vuelva oscuridad;
> que Dios en lo alto no lo tome en cuenta;
> que no brille en él ninguna luz (Job 3:3-4).

Si conoces algo de la historia de Job, recordarás que lo perdió todo. Era el hombre más rico que vivía en aquella época, pero toda su riqueza fue suprimida en un día. Luego perdió a sus hijos. Estaban reunidos en la casa de su hijo mayor cuando ocurrió un tornado y ninguno de ellos sobrevivió. Luego perdió su salud, cubierto de forúnculos de pies a cabeza. Aquello era demasiado como para que alguien lo soportara. Por eso deseó no haber nacido nunca.

En el libro de Rut nos encontramos con Noemí, que perdió a su esposo y sus dos hijos. Cuando regresó a su casa en Belén, era una mujer quebrantada. Estaba sufriendo un dolor desesperante y culpó a Dios por ello. Cuando se acercaba a su antiguo hogar, sus amigos la vieron llegar y corrieron a darle la bienvenida. Pero ella los detuvo en seco:

> Ya no me llamen Noemí —repuso ella—. Llámenme Mara, porque el Todopoderoso ha colmado mi vida de amargura.

> «Me fui con las manos llenas,
>   pero el Señor me ha hecho volver sin nada.
> ¿Por qué me llaman Noemí
>   si me ha afligido el Señor,
>   si me ha hecho desdichada el Todopoderoso?» (Rut 1:20-21).

La Palabra de Dios está llena de gritos sinceros, desesperados e inéditos de hombres y mujeres a través de los siglos que han sentido el rudo golpe de una puerta en sus caras. Ellos hacían las preguntas que todos plantearíamos si realmente fuéramos sinceros. ¿Por qué es tan difícil para nosotras ser auténticamente sinceras con Dios? Creo que uno de los problemas subyacentes con los que luchamos como cristianas es reconciliar dos-creencias fundamentales y básicas:

1. Que Dios es amor.
2. Que Dios es poderoso.

Lo primero es un mensaje tejido a través de toda la Biblia: no solo que Dios ama, sino que Él es la esencia y la fuente del amor. Lo segundo: Dios es poderoso, todopoderoso. Hay innumerables historias de la intervención de Dios, de su poder sobre todo y sobre todos. Por tanto, Dios nos ama y es capaz de evitar que la tragedia golpee nuestras vidas. Si consideramos que estas dos creencias son básicas para nuestra fe, es razonable preguntarnos: ¿por qué un Dios todopoderoso y amoroso permitiría que la angustia nos afecte? Es claro que es lo suficientemente poderoso como para evitar que sucedan cosas malas y, como es amor, ¿no querría hacerlo? Me encantaría decirte que te tengo una respuesta para eso, pero no es así. Como le dijo Pablo a la iglesia en Corinto: «Ahora vemos de manera indirecta y velada, como en un espejo; pero entonces veremos cara a cara» (1 Corintios 13:12).

Hay cosas que suceden todos los días que no tienen ningún sentido en absoluto. Es entonces cuando elijo, por fe, recordar las siguientes cosas:

1. Que estamos viviendo en el plan B.
2. Que Cristo es el Redentor en el plan B.
3. Que todavía no estamos en casa y que Cristo fue a preparar un lugar para nosotras.
4. Que aun cuando el pasillo esté oscuro, nunca estamos solas.

El Señor está cerca de los quebrantados de corazón, y salva a los de espíritu abatido (Salmos 34:18).

Puede sentirse como si hubiera corrido a ese lugar, pero no lo he hecho. Ha sido un camino largo y difícil, pero como Shauna Niequist observó en la cita inicial de este capítulo: «Cuando las cosas se deshacen, las piezas rotas permiten que entren todo tipo de cosas, y una de ellas es la presencia de Dios».[1]

Permíteme concluir mi historia. En los días y semanas que siguieron al fracaso de la última inyección de cortisona, pasé mucho tiempo conversando francamente con Dios. Derramé mi corazón y mis preguntas.

¿Qué pasaría si pierdo la capacidad de caminar?

¿Qué pasaría si no vuelvo a estar libre de dolor?

¿Qué pasaría si mi vida, que solía parecer una puerta abierta al futuro, ahora está contenida en las pequeñas paredes de mi casa?

Cuando le llevé cada uno de estos verdaderos temores a mi Padre celestial, la respuesta fue la misma:

Estaré allí.

Estaré allí.

Estaré allí.

Al decantar mis miedos, me sentía atrapada. No sentía juicio alguno, solo una compasión abrumadora. Posicionada ante la posibilidad de un cambio drástico en la forma en que había vivido hasta ese momento, vi que había definido la calidad de mi vida por lo que era capaz de lograr. Le di más valor a *lo que hago* que a *lo que soy*. El amor de Dios por mí no tenía nada que ver con otro escenario que no fuera escribir otro libro o viajar un kilómetro más. También me di cuenta de que a veces lo que entendía del amor de Dios por mí se basaba en la manera en que se desarrollaban las cosas en mi vida. Cuando todo iba bien, sentía que Dios me amaba. Cuando las cosas se ponían difíciles, me sentía sola. Todo lo sucedido me mostró que Él siempre está cerca.

Enfrentarme con la verdad de que mi vida nunca volvería a ser lo que quería, estremeció mi fe hasta lo más profundo, pero fue una buena conmoción. Estremeció cosas que eran creencias culturales, no verdades bíblicas. Estremeció la creencia de que había entregado todo a Cristo cuando aún me sentía con derecho a la vida que quería para mí. Estremeció la creencia de que estaba viviendo por fe cuando, en realidad, estaba viviendo por lo que veía que era sensato para mí. También descubrí que Dios nos encuentra temblando cuando lo buscamos en situaciones como esas.

Cuando todo iba bien,

sentía que Dios me *amaba.*

Cuando las cosas se ponían

difíciles, me sentía *sola.*

Todo lo sucedido

me mostró que Él

siempre está cerca.

Recordé la gran promesa que el pequeño pastor, David, escribió:

> Aun si voy por valles tenebrosos,
>   no temo peligro alguno
>   porque tú estás a mi lado;
> tu vara de pastor me reconforta (Salmos 23:4).

No hay ningún lugar en esta tierra donde tú y yo estemos separadas del amor y la compañía de Cristo. El escritor de la carta a los Hebreos lo expresó de esta manera:

Porque Dios ha dicho:

> «Nunca te dejaré;
> jamás te abandonaré» (Hebreos 13:5).

Así fue que hice un hermoso descubrimiento. Dios no solo vive en los espacios abiertos de nuestras vidas, también vive en los pasadizos, y su presencia se puede sentir de manera más patente cuando la puerta se nos cierra en nuestra cara. Muchas de las distracciones que me atraían me aletargaron tanto que descuidé lo más esencial de mi vida: darle gloria a Dios, conocerlo, permitir que el Espíritu Santo invadiera cada espacio. Así que comencé a adorar en el pasillo.

Era hora de que estuviera lista para lo que la próxima temporada de mi vida pudiera tenerme, por lo que hice una cita de seguimiento para ver al neurocirujano. Este me dejó en claro que podría hacer la cirugía, pero que sería complicada: «Tendré que extraerle un disco por la espalda y el otro por la parte delantera de su cuerpo. ¡Le quedarán algunas cicatrices, por lo que sus días en bikini podrían haber terminado!».

Le aseguré que, dado que me criaron como bautista escocesa, eso no me preocupaba. Así que se fijó la fecha de la cirugía.

Todavía estaba oscuro cuando Barry y yo llegamos al hospital aquella mañana. Me inscribí y me llevaron a un cubículo donde me cubrí con una bata y me pusieron una vía intravenosa en la mano derecha. Barry estaba a mi lado, pero déjame decirte esto: la presencia de Cristo era tan palpable que fue como si pudiera tomar su mano. No solo eso, tuve paz en cuanto al resultado. Desearía sentarme cara a cara contigo, ahora mismo, mientras escribo. Es fácil escribir declaraciones de fe cuando emerges de un túnel oscuro, pero quiero que sepas que tuve su paz aun cuando *no sabía* nada. Cristo ofrece paz en las estaciones de la ignorancia.

El cirujano entró y me presentó a una segunda especialista.

«Ella sostendrá tus órganos mientras exploro la parte frontal de tu cuerpo».

Es difícil saber qué decir a eso.

¿Gracias?

¿Tratarás de volver a ponerlas donde las encontraste?

El cirujano primario le dijo a Barry que el procedimiento duraría unas seis horas y que le avisaría cuando terminara. Cuando me llevaron al quirófano, mi último pensamiento consciente fue que, cuando la puerta se cerrara, haría lo que dice el himno *Yo me rindo a Él.*

Recuerdo que me recuperé y Barry me preguntó si podía mover los dedos de los pies. Pensé que era una pregunta algo tonta para que la hiciera un hombre adulto hasta que recordé dónde estaba. Por lo tanto, me moví. En pocos días me di cuenta de que la cirugía había sido un éxito y que podía caminar sin dolor.

El resultado para ti podría haber sido diferente. Mientras lees esto, puede que enfrentes los días más difíciles de tu existencia. Cuando no ves el final de una situación, es difícil no rendirse a la desesperación. Insisto, yo miro al apóstol Pablo:

> Pues los sufrimientos ligeros y efímeros que ahora padecemos producen una gloria eterna que vale muchísimo más que todo sufrimiento. Así que no nos fijamos en lo visible, sino en lo invisible, ya que lo que se ve es pasajero, mientras que lo que no se ve es eterno (2 Corintios 4:17-18).

Si no estás familiarizada con esa carta o con la vida de Pablo, es fácil descartar sus palabras. Cuando escribe sobre los *sufrimientos ligeros y efímeros*, es posible que parezca que no está en contacto con tu mundo.

Al ver lo que estás enfrentando en este momento, *ligeros y efímeros* probablemente no sean los términos que elegirías. Pero tenemos que seguir leyendo. Pablo tiene mucho que decirnos. En primer lugar, nos hace ver cuán extremo ha sido su sufrimiento con el objeto de que no descartemos sus palabras, pero luego nos da dos regalos que nos ayudarán cuando nos encontremos en el pasillo. Primero, sus credenciales en cuanto a sufrimiento:

> Cinco veces recibí de los judíos los treinta y nueve azotes. Tres veces me golpearon con varas, una vez me apedrearon, tres veces naufragué, y pasé un día y una noche como náufrago en alta mar. Mi vida ha sido un continuo ir y venir de un sitio a otro; en peligros de ríos, peligros de bandidos, peligros de parte de mis compatriotas, peligros a manos de los gentiles, peligros en la ciudad, peligros en el campo, peligros en el mar y peligros de parte de falsos hermanos. He pasado muchos trabajos y fatigas, y muchas veces me he quedado sin dormir; he sufrido hambre y sed, y muchas veces me he quedado en ayunas; he sufrido frío y desnudez (2 Corintios 11:24-27).

No puedo imaginar ese nivel de sufrimiento. Y sin embargo, Pablo sufrió aún más. Puedes leer acerca de la lapidación de Pablo en Hechos 14.

La lapidación nunca tuvo la intención de ser un castigo; siempre fue considerada como una sentencia de muerte. Es una manera particularmente bárbara de morir, que aún se practica en algunas partes del mundo. Los hombres son enterrados hasta la cintura, las mujeres hasta el pecho. Para prolongar el sufrimiento, a nadie se le permite lanzar una piedra grande. Todo aquel que se sintiera ofendido por el condenado tenía la oportunidad de participar en la ejecución y lanzar su propia piedra. Era una muerte lenta. Por eso, cuando apedrearon a Pablo, supusieron que lo habían matado.

> Apedrearon a Pablo y lo arrastraron fuera de la ciudad, creyendo que estaba muerto (Hechos 14:19).

La lista de los sufrimientos de Pablo es abrumadora, entonces, ¿por qué dice que son «ligeros y efímeros»? Creo que lo hace por dos razones. Por un lado, observamos a nuestro alrededor. Por el otro lado, miramos hacia arriba.

La primera razón es que nada de lo que tú atraviesas, Dios lo desperdicia. Él redime cada pizca de nuestro sufrimiento.

Yo no puedo consolar a una mujer que ha perdido un hijo, pero si tú has perdido uno, puedes hacerlo. Ella te escuchará porque tú entiendes.

No puedo consolar a una mujer cuyo esposo se fue dejándola agotada financieramente con unos hijos por criar, pero si has experimentado eso, puedes hacerlo.

No puedo consolar a una mujer que anhela ser madre y no puede concebir, pero si has pasado por eso, puedes hacerlo.

Es probable que no puedas consolar a alguien que perdió a un ser querido por suicidio, pero yo sí.

Es posible que tengas dificultades para comprender la depresión grave y la enfermedad mental y no sepas qué decir, pero comprendo eso y puedo brindar ayuda.

Esta es la belleza del quebrantamiento. Cuando enfrentamos nuestras pérdidas en el pasillo con Dios y le ofrecemos los pedazos rotos, es sorprendente lo que hará para unir los que están rotos en la vida de otra persona. Así lo describió nuestro valiente hermano Pablo:

> Padre misericordioso y Dios de toda consolación, quien nos consuela en todas nuestras tribulaciones para que, con el mismo consuelo que de Dios hemos recibido, también nosotros podamos consolar a todos los que sufren (2 Corintios 1:3b-4).

El segundo regalo que Pablo nos da en esta carta es recordarnos quiénes somos y hacia dónde nos dirigimos.

> Por tanto, no nos desanimamos. Al contrario, aunque por fuera nos vamos desgastando, por dentro nos vamos renovando día tras día. Pues los sufrimientos ligeros y efímeros que ahora padecemos producen una gloria eterna que vale muchísimo más que todo sufrimiento. Así que

no nos fijamos en lo visible, sino en lo invisible, ya que lo que se ve es pasajero, mientras que lo que no se ve es eterno (4:16-18).

Pablo nos recuerda que aunque la vida puede ser muy intensa, el dolor y la pérdida tienen una vida útil; y el sufrimiento y la lucha tienen fecha de vencimiento. No durarán para siempre. Me imagino a Pablo sentado contigo ahora mismo en el pasillo, diciéndote: «Vamos. Espera. Busca. Recuerda de quién eres, esto no durará para siempre». Más que eso, Cristo está contigo en el pasillo. Te acompaña en la sala de operaciones. Está contigo dondequiera que estés. En este momento, no estás solo. Dar el siguiente paso puede ser tan simple como esto: Reconoce tu lucha ante Dios. Dile cómo te sentiste al oír el portazo. Infórmale que estás sola y herida. Deja que se siente contigo en el pasillo y óyele decir:

Estoy aquí.
Estoy aquí.
Estoy aquí.

Dios no nos presiona nunca a través de nuestro dolor. Se sienta con nosotras todo el tiempo que sea necesario. Pero cuando comienzas a recibir su consuelo, puedes mirar a tu alrededor y ver que no estás sola en el pasillo. Hay más gente ahí y ni siquiera pueden levantar la cabeza. Puede que no me escuchen, pero pueden escucharte a ti. Tal vez estés dispuesta a acompañarme en una oración que digo todos los días:

Señor, dame ojos para ver lo que puedo perder. Dame oídos para escuchar más allá de lo que alguien podría estar diciendo en cuanto a lo que está sucediendo en su corazón.

Jesús es el Redentor que aguarda en el pasillo.

Dar el *siguiente paso*

puede ser algo tan

sencillo como esto:

Reconoce

tu lucha con Dios.

Un paso a la vez

Nada de lo que atraviesas es en vano

1. Considera empezar un diario con todo lo que has recorrido. Traza tu jornada, lo positivo y lo negativo. ¿Cuáles fueron algunas de las cosas más difíciles que enfrentaste? ¿Cuáles son algunas de las cosas que confrontas en este momento?

2. Encuentra un lugar tranquilo y pídele al Espíritu Santo que te ayude a recordar las cosas que pudiste haber enterrado. Si tu dolor provino del abuso en tu infancia, puede ser prudente recorrer esa parte de tu vida con un consejero cristiano.

   Cuando Christian era pequeño, su papá le dio un proyecto de manualidades para niños que incluían trocitos de vidrio y pedacitos de piedra lisos. Mi hijo no creía que se pudiera hacer algo hermoso con cosas rotas hasta que las colocaron sobre cemento en un molde en forma de corazón. La pieza terminada es hermosa. Es una de mis posesiones más preciadas. ¿Alguna vez has considerado hacer algo así? Busca una tienda de artesanías y haz un proyecto que sea práctico, haciendo algo encantador con cosas rotas. Una de mis principales creencias es que es extraordinario lo que Dios hará con una vida quebrantada si le das todas las piezas.

3. Si estás luchando para identificar áreas en las que te sientes sola, pídele ayuda a Dios con eso. Comienza meditando en esta promesa:

   > Si a alguno de ustedes le falta sabiduría, pídasela a Dios, y él se la dará, pues Dios da a todos generosamente sin menospreciar a nadie (Santiago 1:5).

Tres

Cambia tu forma de pensar

No se amolden al mundo actual, sino sean transformados mediante la renovación de su mente. Así podrán comprobar cuál es la voluntad de Dios, buena, agradable y perfecta.

—Romanos 12:2

Puedo decir: «Necesito amar más a mis hijos», pero eso no va a funcionar. No puedes modificar los sentimientos ni que luches por ello. Debes cambiar la forma en que piensas sobre tus hijos, sobre tu esposo, sobre tu esposa, y eso cambiará la manera en que te sientes, lo que luego modificará el modo en que actúas.[1]

—Pastor Rick Warren

Nunca he sido buena para conversaciones breves, que es una de las razones por las que no me gustan las fiestas. En estas se espera que socialices. Pero socializar es un concepto aterrador para las personas escocesas. Solemos ser un poco reservadas, por lo que entablar una conversación cortés con alguien que uno no conoce, sintiéndote atrapada por un sabelotodo, es suficiente para que te produzca una urticaria. Durante algún tiempo, sin embargo, me pasaron más cosas que la simple reticencia cultural. Me faltaba confianza en mí misma entre una multitud de gente nueva. Eso puede lucir extraño si consideras que paso mucho tiempo en el escenario o en la televisión, pero estos son roles en los que me siento cómoda. Sé lo que se espera de mí. Cuando estoy en la plataforma, sé que estoy haciendo lo que Dios quiso que yo hiciera. Cuando estoy en la televisión, me encanta compenetrarme viendo directo a la cámara y recordando a quienes están observando la pantalla que Dios los ama tal como son. (Puede parecer extraño eso de compenetrarme, con un medio como la televisión, pero así es como lo siento.) Sin embargo, en ocasiones en las que me he encontrado en un grupo de extraños o con personas que no conozco muy bien, me he sentido un poco perdida. Tanto que han surgido pensamientos ridículamente inapropiados en mi mente.

¿Debería pararme sobre la mesa y cantar un tema musical popular?

¿Debería fingir que estoy orando?

Si doy unos pasos hacia atrás, ¿creerán que estoy entrando?

Es probable que sea por eso que siempre me he sentido cómoda con los perros. Puedes tenderte en el piso con ellos, rascarles las orejas y ellos... felices. Es todo lo que esperan y menearán su cola para comprobarlo. Ahora no me malinterpretes, no era una ermitaña. Me sentía cómoda con mis amigas cercanas, pero en ciertas circunstancias, luchaba. Luchaba por cómo me veía a mí misma, cómo pensaba en mí misma. Mi autoimagen y mis pensamientos negativos afectaron la manera en que viví por años. Afectaron los lugares a los que iba y los que evitaba.

En 2012 me invitaron a una conferencia en Wembly Arena, en Londres. La actividad fue presentada por la Iglesia Hillsong, una gran congregación internacional cuyo recinto principal se encuentra en Sydney, Australia. Conocía la extraordinaria música de adoración que han producido a lo largo de los años, pero nunca había conocido a sus pastores principales, Brian y Bobbie Houston. Mi única conexión con Hillsong fue a través de mi amiga Christine Caine.

Las oradoras que me acompañaron ese año en «Colour» (el nombre de la conferencia de Hillsong para mujeres) fueron Christine, Priscilla Shirer y Bobbie Houston. Había viajado sola desde Dallas a Londres, pero una vez que llegué, Bobbie y su equipo me hicieron sentir muy bienvenida y amada. Wembly tiene capacidad para más de doce mil personas, algo que puede ser bastante intimidante desde el escenario, lo que me hizo llorar. Nunca imaginé ver multitudes así en Inglaterra. Antes de venir a Estados Unidos, trabajé como evangelista con British Youth for Christ. En aquellos días, luchábamos para que más de un par de cientos de personas asistieran a cualquier actividad, por lo que ver a miles de mujeres adorando a Dios juntas fue hermoso.

Me encantó cada minuto de la conferencia, pero la última noche salieron a la luz mis inseguridades. Nos invitaron a una fiesta posterior a la actividad en la casa de una pareja de ingleses. No solo fueron las oradoras las que fueron invitadas esa noche, sino el equipo de adoración y varias de las amigas y líderes de Bobbie que habían volado desde las iglesias de Hillsong en toda Europa. Cuando todos se reunieron detrás del escenario y empezaron a amontonarse en los autos, charlando entusiasmados con su linda ropa de fiesta, me excusé, alegando algo sobre un dolor de cabeza, y regresé a mi hotel. Recuerdo que me senté en la cama sintiéndome sola y un poco aturdida, pero la idea de ser empujada a una reunión de personas que parecían gigantescas era demasiado para mí. No me sentía lo suficientemente a la moda ni ingeniosa. Ya había usado todo lo que cargaba y no tenía ropa bonita como para fiesta, así que me expulsé yo misma de la celebración.

Aun mientras pienso en eso, sé que a nadie en la fiesta le habría importado lo que llevara puesto o si estaba demasiado cansada para hablar y me echaba en el suelo con el perro, el gato o el hámster. No se trataba de ellos, se trataba de mí. Era en cuanto a cómo me vi. A la forma en que pensaba acerca de mí misma. Irónicamente, los mensajes que prediqué ese fin de semana eran sobre ser amada tal como eres. Incluso comencé mi primer mensaje con una Escritura que había descubierto recientemente. Una que es perfecta para aquellos días en que tu cabello no está muy bien que digamos:

Tus ojos, tras el velo, son dos palomas.
Tus cabellos son como los rebaños de cabras (Cantares 4:1).

Podía hablar mucho en cuanto a ser amadas tal como ellas lo son y animarlas a mostrarse aun cuando el cabello les luciera como el relleno de un colchón, pero no podía aplicarme ese mensaje a mí misma. Es difícil cambiar los viejos patrones de pensamiento. A pesar de que para entonces vivía en una linda casa y tenía un marido y un hijo amorosos, la huella de una chica pobre que vestía ropa usada y que residía en una vivienda auspiciada por el gobierno, era una identidad difícil de remover. Las circunstancias de mi infancia crearon un proceso de pensamiento que me decía ciertas cosas sobre mí misma. Mi padre se suicidó cuando yo tenía cinco años, y aunque no creo que haya pensado eso conscientemente, vivía creyendo que no valía la pena deambular por ahí. Había sufrido una lesión cerebral antes de morir, y la última vez que me miró fue con ira y lo que capté como odio. Así que llevé una vida cuidadosa. Me cuidaba de no acercarme demasiado a nadie para que si se alejaba no me doliera tanto. Cuando fui a la escuela secundaria, nunca traté de ser amiga de las chicas populares porque sabía que no me aceptarían. Sin embargo, me ofrecía para proyectos o audicionaba para cualquier musical de la escuela. Siempre me sentía mucho más cómoda con algo que hacer puesto que tenía poca confianza en lo que yo era.

Cualquiera pensaría que cuando me convirtiera en cristiana, todo eso iba a cambiar, pero no fue así. Creía que Dios me amaba porque Él es Dios. Esto puede parecer algo irrespetuoso, pero pensé: *Bueno, ese es su trabajo*. No es personal. Él ama a toda la gente. No cambió la forma en que me veía a mí misma ni cómo creía que me veían los demás. Cuando era niña, encontré mi valor en lo que *hacía* para Dios. Me ofrecía de voluntaria para todo en la iglesia y me quedaba hasta tarde para aclarar las cosas después del grupo de jóvenes. Una vez que me convertí en cantante (durante mis primeros diez años en el ministerio, fui una artista cristiana de renombre... ¡pregúntale a tu madre!) y luego presentadora de televisión y maestra de Biblia, creí que tenía valor porque Dios me estaba usando, de manera que debía estar contento conmigo. No entendía que Dios quería transformar totalmente el modo en que pensaba y, por lo tanto, cómo vivía. No solo eso, no entendí que la historia de amor más grande y profundamente personal que existe es la que hay entre Dios, en Cristo, y cualquier hombre o mujer que venga sin nada y acepte su todo. Eso me llevaría muchos años a través de un camino agrietado para comenzar a entender.

La manera en que pensaba en cuanto a mi valía se extendió a mis relaciones con otras mujeres. Sentí que me aceptaban por lo que hacía y por cómo me percibían. Cuando mi hijo, Christian, estaba en la escuela, ya había escrito varios libros y había estado en la televisión, de modo que las otras madres sabían quién era yo. Sin embargo, no les hice saber quién era *realmente*.

No había permitido que el amor de Dios me empapara los ojos por segunda vez. ¿Recuerdas la historia del Evangelio de Marcos?

Cuando llegaron a Betsaida, algunas personas le llevaron un ciego a Jesús y le rogaron que lo tocara. Él tomó de la mano al ciego y lo sacó fuera del pueblo. Después de escupirle en los ojos y de poner las manos sobre él, le preguntó:
—¿Puedes ver ahora?
El hombre alzó los ojos y dijo:
—Veo gente; parecen árboles que caminan.
Entonces le puso de nuevo las manos sobre los ojos, y el ciego fue curado: recobró la vista y comenzó a ver todo con claridad (8:22-25).

Aunque él fue sanado de la ceguera física, a veces necesitamos ser curadas de la ceguera espiritual. Somos invitadas a volver a Cristo una y otra vez para ser renovadas. Aclarar nuestra visión es un don poderoso, una capacidad para vernos como lo hace Cristo, no por las etiquetas que usemos o la forma en que pensemos sobre nosotras mismas. No es que Él no se dé cuenta de todo lo que te hace a ti y a mí. Él conoce todos nuestros pequeños caprichos y rasgos de personalidad, pero la gloriosa verdad del evangelio es que Jesús está enamorado de nosotras en este momento, a pesar de que somos un grupo loco y confuso. Él nos ve hermosas.

No sé si luchas en tu mente ni con qué es que más lo haces. Es probable que no sea con el modo en que te ves a ti misma. Puede ser con cómo te ves en otras maneras, como madre. Miras a los otros padres

Él conoce todos nuestros pequeños caprichos y rasgos de personalidad, pero la *gloriosa verdad* del evangelio es que Jesús está enamorado de nosotras en este momento, a pesar de que somos un grupo loco y confuso. Él nos ve *hermosas*.

y cuán bien se comportan sus hijos en la iglesia, y los ves poner los ojos en blanco cuando los tuyos alzan la voz pero no en la adoración. Te preguntas sin piedad.

¿Qué estoy haciendo mal?

¿Por qué no me escuchan?

¿Por qué a los hijos de mi hermana les va bien en la escuela y los míos están fallando miserablemente?

Nos juzgamos muy severamente como padres y, a veces, leemos ese juicio a los ojos de los demás, aunque eso no sea así.

Una de las cosas más difíciles de soportar es cuando uno de tus hijos se aleja de la fe. Eso es desgarrador, los pensamientos que te invaden son atormentadores. Te preguntas qué salió mal. Tu hijo fue a la misma iglesia, la misma escuela dominical que el hijo de tus amigos que se ha convertido en un joven piadoso, pero tu hijo no quiere tener nada que ver con Cristo. ¿Qué pasó? ¿Qué no hiciste?

Una de mis amigas más queridas está pasando por eso. Lloramos por teléfono mientras me contaba lo que le está pasando a su hijo. Ella es una gran madre. Es amorosa y justa, fuerte y tierna, pero en este momento no puede verse de esa manera. Su dolor ha empañado su visión. Ve que la situación no está bien y, en su mente, interpreta eso como que *ella es* la que no está bien. Esa es una enorme e importante distinción.

Una de mis principales pasiones como madre, desde el momento en que nació mi hijo, fue ayudarlo a distinguir entre hacer cosas malas y ser una persona mala. Era un niño fácil de criar, pero a los dieciséis años hizo algo insensato y, por dicha, fue atrapado. No fue un gran problema, pero no era algo que lo caracterizara. Él es perfeccionista y se castiga mentalmente si no cumple con sus estrictos estándares y expectativas. Más tarde, esa noche, me vio orando por él y llorando en mi habitación. Así que se me acercó con lágrimas en su rostro, diciendo que nunca volvería a hacer nada malo. Lo acogí en mis brazos y le aseguré que estaba muy segura de que así lo haría. Esa noche le dije lo que desearía haber comprendido a los dieciséis o, incluso, a los treinta y seis años de edad: lo que hizo no fue algo bueno, pero eso no lo convirtió en una mala persona. Lo hizo más humano. Le indiqué que Dios lo ama tanto en los días en que siente que ha hecho todo mal, como en los que siente que ha hecho todo bien. Le dije que la vida da algunos giros inesperados y que, a veces, son devastadores; pero que nunca dude ni por un momento que Dios tiene el control. Le dije que dejara de esforzarse tanto por ser perfecto y que viviera tranquilo, amado.

Me miró y me dijo: «¿Puedo hacerte una pregunta?» Le respondí: «Por supuesto», cuestionándome qué profunda inquietud le habría despertado mi breve discurso. Entonces me dijo: «Si ya estás bien, ¿puedo volver a ver la televisión?» Sí… ¡qué profundo!

Tal vez no te cuestiones como madre; esa podría ser la única cosa que sabes para la que Dios te dotó. Puedes luchar con cómo eres en calidad de esposa. Observas lo cariñoso que es el amigo de tu esposo con su cónyuge y lo distraído o desinteresado que es tu esposo; por lo que te preguntas qué estás haciendo mal. Recuerdas los primeros días, aquellos en los que te enamoraste al principio, cuando a él le encantaba todo lo que hacías y se reía de cada cosa graciosa que decías. ¿Cómo pudieron cambiar tanto las cosas? Te ves en el espejo y, con tu empañada visión, crees que el problema eres tú. Has intentado hablar con él, incluso has sugerido que necesitan asesoramiento, pero a él no le interesa. Según tú misma, hay algo mal contigo.

O, quizás eres tú la que ha perdido el interés. Te preguntas cómo volver a encontrar la forma en que te sentiste el día de tu boda. Te asombra que en ese tiempo solías pensar que era hermoso cuando él dejaba sus calcetines fuera de la cesta de la ropa en vez de ponerlos en ella o cuando dejaba sus platos en el fregadero y no los colocaba en el lavavajillas que solo estaba a dos pasos más allá. Ahora, todo lo que hace, te molesta. No solo eso, la pasión se ha ido. Cuando piensas en tu matrimonio, te sientes enojada y triste. Crees que nunca volverás a ser feliz, a menos que salgas de eso.

Soy una gran fanática del canal Hallmark, en Navidad. Me encantan todas las películas llenas de nieve y las historias de amor, aunque sé exactamente cómo terminará cada una. Me pregunto, sin embargo, cómo esas historias románticas afectan nuestras vidas. Una dieta constante de finales felices, aunque ficticios, puede empañar nuestra perspectiva. No es solo la oscuridad lo que cambia lo que vemos. Las gafas de color rosa también pueden hacerlo. Ese tipo de películas no muestran el arduo trabajo que implica el matrimonio, cuando pensamos que es mucho más fácil tirar la toalla. No representan las estaciones en las que lo único que te mantiene unida es el compromiso que hiciste con Dios y con los demás, no cómo te sientes cuando miras al otro lado de la mesa. Cambiar la forma en que piensas puede afectar las relaciones más importantes en la vida.

Pasé por dos años en los que luché arduamente con mi matrimonio. Estaba decepcionada, herida y enojada. Adopté una forma de pensar en que todo lo que hacía estaba mal. Además, en esa temporada, descubrí que era fácil encontrarme con mujeres que me animaban a tomar mi camino. Tuve que elegir con sumo cuidado a quién escuchar. Fue mi compromiso con Dios y con nuestro hijo lo que me impulsó a seguir. Hoy, veo a Barry cuando me dice que me quede dentro de la casa porque hace frío y que él llevará a los perros a pasear, o lo escucho hablar por teléfono con nuestro hijo, y me doy cuenta de que lo quiero más ahora que el día en que nos casamos. No creí que eso fuera posible, pero lo es.

Aun mientras escribo eso, pienso en aquellas de ustedes cuyos matrimonios no sobrevivieron, y oro para que mis palabras no las condenen, porque esa no es mi intención, en absoluto. Pudiste haber luchado por tu matrimonio, pero fracasaste de alguna manera. Es posible que hayas tenido una aventura amorosa y tu esposo no te lo perdonó, o simplemente quisiste dejarlo y te fuiste. La impresionante verdad del evangelio de Jesucristo es que no somos juzgados por nuestros fracasos, sino por la obra terminada de Cristo. Por supuesto, eso no significa que podamos vivir en la manera en que nos plazca, simplemente quiere decir que siempre tenemos una puerta abierta que nos lleva al Padre cuando caemos. Esa es la intención y la pasión de este libro. Está bien no estar bien, porque Jesús hizo que estuviéramos bien con Dios. Si pudiéramos comenzar a comprender eso, revolucionaría radicalmente nuestras vidas. Dios mira hacia abajo, a este grupo de personas hermosas y locas, que es el cuerpo de Cristo y nos ama. Él no ama a la que luchó por su matrimonio un poco más que a la que se rindió. No eres una forastera, no eres la segunda mejor. Si has depositado tu confianza en Cristo, eres hija de Dios.

Está bien no estar *bien,*

porque Jesús hizo que

estuviéramos *bien*

con Dios.

¡Fíjense qué gran amor nos ha dado el Padre, que se nos llame hijos de Dios! (1 Juan 3:1).

Al reflexionar sobre algunas maneras en que necesitamos transformar nuestro pensamiento, es claro que vivimos en una cultura que valora las cosas externas: apariencia, riqueza, posición y éxito. Puede que no estés casada ni tengas hijos, pero ¿luchas con lo que crees que es tu valía elemental como persona? Si no recibes la promoción que esperas o si no te invitan a unirte a determinado grupo para ir a almorzar, es muy normal que te sientas infravalorada o insignificante; todo eso puede comenzar a cambiar tu forma de pensar acerca de ti misma. Hace unas semanas recibí una carta anónima de una mujer que me dijo que se esfuerza por conectarse con alguien. Aunque va a la iglesia, se sienta en la parte de atrás y se va cuando escucha la última pieza musical. No me dijo por qué se sentía tan mal, pero la última frase de su carta fue esta: «Creo que si desapareciera esta noche, nadie lo notaría». Esa es una posición miserable que no debemos aceptar. Fuimos hechos para conectarnos y para sentir que importamos.

He hablado con muchas mujeres cuya principal lucha mental es que no creen que estén a la altura de las cristianas. Una chica me dijo que está segura de que Dios debe estar decepcionado con ella porque no ora lo suficiente ni tiene mucha fe. Otra mujer me informó que creía que Dios no contesta sus oraciones porque no la ama tanto como a otras mujeres de su iglesia. En vez de sentirse profundamente amadas, muchas se sienten forzosamente condenadas. No creo que esa sea la manera en que Dios quiere que vivamos. Tiene que haber una transformación en nuestro pensamiento.

Cambia tu mentalidad

En los primeros dos capítulos tuvimos una conversación franca entre nosotras mismas y con Dios, en cuanto a enfrentarnos a la decepción cuando las puertas se nos cierran en la cara. Pero nada de eso nos hará avanzar a menos que cambiemos nuestra manera de pensar. ¿Cómo cambiar la forma en que pensamos cuando la tenemos tan profundamente arraigada?

Veamos otra vez el comienzo de Romanos 12. La Nueva Traducción Viviente plasma el versículo 2 de la siguiente manera:

> No imiten las conductas ni las costumbres de este mundo, más bien dejen que Dios los transforme en personas nuevas al cambiarles la manera de pensar. Entonces aprenderán a conocer la voluntad de Dios para ustedes, la cual es buena, agradable y perfecta.

Pablo aclara que el único modo en que seremos transformados es cambiando nuestra manera de pensar. Al meditar en este versículo durante algún tiempo, me cuestionaba si en el cristianismo contemporáneo damos más énfasis al comportamiento que al pensamiento correcto, a lo que hacemos más que a entender por qué lo hacemos y a comprometernos de todo corazón con el proceso.

Permíteme que te explique lo que quiero decir. Una de las cosas que nuestro hijo notó en su primer año en la universidad, fue que algunos de los otros estudiantes que había conocido en la escuela secundaria —o en la iglesia— cambiaron la forma en que se comportaban al estar lejos de casa. Ahora bien, es lógico que se espere algo de eso cuando nuestros hijos están por primera vez fuera de casa. Esto, sin embargo, era más que un simple despliegue de alas. Vivían como personas completamente diferentes. Una vez que estuvieron lejos de los padres —que observaban su comportamiento—, se portaron como les placía. Por tanto, si no hay una transformación interna —cuando se eliminan las fuerzas externas—, haremos lo que nos plazca. He orado con muchos padres fieles que están devastados por la forma en que sus hijos universitarios han cambiado.

«Antes que salieran de casa, ¡nunca se comportaron así!»

La pregunta difícil sigue siendo: ¿Por qué vivían tan distinto en casa? ¿Hicieron buenas decisiones previas para adaptarse, para evitar la disciplina o fue porque hubo un cambio de corazón y de mente? Puede que hagas todas las cosas correctas, pero si no sabes por qué las haces, las abandonarás cuando ya no se esperen de ti. Eso no solo ocurre con nuestros hijos. Es muy fácil para nosotras caer en la misma trampa. En nuestra cultura, somos cada vez más bombardeados con mensajes que nos inducen a qué ponernos, qué pensar, a quién creer, a ver cuál es la última tendencia. Las palabras de Pablo a la iglesia en Roma nos hablan con mucha claridad en la actualidad: *No imiten las conductas ni las costumbres de este mundo*.

Lo más natural del mundo es copiar el comportamiento y las costumbres, si ello no fuese así, Pablo no habría comenzado de esa manera. Todas queremos pertenecer a algo, encajar en el grupo y caerles bien a los demás. Cuando entregamos nuestras vidas a Cristo, se hace evidente que algunos comportamientos y costumbres ya no armonizan con la Palabra de Dios. De modo que podemos dejar de hacer ciertas cosas pero, a menos que seamos transformadas, a menos que nuestras mentes se renueven, no hay mucho que —en realidad— cambie internamente. Algunas de nosotras simplemente reemplazamos la lista de las cosas mundanas por una de cosas más aceptables. Cambiamos la embriaguez por la gula o la insidia por los chismes. Hasta que no entendamos que podemos vivir en esta tierra, aunque pertenecemos a otro reino, no nos ordenaremos un poco ni dejaremos de preguntarnos por qué nos sentimos tan derrotadas. Dar nuestras vidas a Cristo no es como unirse a un club. Es un llamado a una nueva forma radical de pensar y de vivir todo el tiempo, no solo los domingos por la mañana y cuando estamos en la iglesia.

La palabra *transfiguró* solo aparece dos veces en los cuatro evangelios, y fue una transformación dramática:

> Seis días después, Jesús tomó consigo a Pedro, a Jacobo y a Juan, el hermano de Jacobo, y los llevó aparte, a una montaña alta. Allí se transfiguró en presencia de ellos; su rostro resplandeció como el sol, y su ropa se volvió blanca como la luz (Mateo 17:1-2).

La palabra griega para *transfiguró* (o transformó) que se usa aquí es el vocablo *metamorphoo*, de cuya raíz obtenemos nuestra palabra *metamorfosis*. Cuando una hermosa mariposa emerge de un capullo, el cambio es total. Mientras los discípulos observaban ese día, el rostro de Cristo brillaba como el sol y sus ropas blancas resplandecían como la luz. No puedo imaginarme lo que debe haber sido ver aquello, pero ¿sabes que tú y yo, un día, nos veremos así? Cristo les dijo a sus discípulos que cuando al fin haya vencido a Satanás y establecido un nuevo reino y una nueva tierra, «entonces los justos brillarán en el reino de su Padre como el sol» (Mateo 13:43).

Se acerca el día en que nuestra transfiguración será completa. Seremos transformados externa e internamente. Pero ahora, como seguidores de Cristo en esta tierra, somos llamados a ser transformados internamente, lo que afectará nuestro comportamiento externo. Solo una transformación interna cambiará verdaderamente el comportamiento externo. Toda batalla se inicia en nuestras mentes, no en nuestro comportamiento. Podemos comportarnos de cierta manera y permanecer sin cambios. Si queremos cambiar la forma en que actuamos, tenemos que modificar la manera en que pensamos.

Es posible que te sientas tentada a preguntar: «¿Por qué titulaste este libro *Está bien no estar bien,* si ahora me estás diciendo que tengo que cambiar?». ¡Buena pregunta! La respuesta es simple. No es cuestión de juicio, es una cuestión de libertad. Cristo quiere que seas libre. Libre de pensamientos condenatorios, libre de comportamientos compulsivos, libre para ser lo que realmente eres, libre para vivir tu loca y hermosa vida.

Cuando el apóstol Pablo escribió a la iglesia en Galacia, dijo:

> Cristo nos libertó para que vivamos en libertad. Por lo tanto, manténganse firmes y no se sometan nuevamente al yugo de esclavitud (Gálatas 5:1).

Pablo quería asegurarse de que los creyentes en Galacia no volvieran a caer bajo el yugo de la ley. Alguien les dijo que tenían que ser circuncidados para estar bien con Dios. Pablo les recordó que solo hay una manera de estar bien con Dios y es a través de la fe en Cristo y su sacrificio en la cruz, y de una vez por todas, para aquellos que confían en Él.

Solo una *transformación* interna cambiará verdaderamente el comportamiento externo. Toda batalla se inicia en nuestras *mentes*, no en nuestro comportamiento. Podemos comportarnos de cierta manera y permanecer sin cambios. Si queremos cambiar la forma en que actuamos, tenemos que modificar la manera en que *pensamos*.

Es posible que te haya tocado ese tipo de mensaje con enfoques más contemporáneos. Algunas iglesias ponen gran énfasis en un estilo particular de vestimenta o música. Ciertos creyentes beben vino y otros no. Algunas iglesias invitan a las mujeres al púlpito, mientras que otras no tienen eso por hábito. Algunos lo hacen por costumbre y otros por la manera en que entienden ciertos pasajes de las Escrituras. Está bien. Pero si alguien alguna vez te dice que no eres salva a menos que sigas sus reglas, corre tan rápido como puedas, porque ese no es el evangelio de Jesucristo.

Así que, ¿cómo vivir en la libertad por la que Cristo pagó? Nos inclinamos por la sabiduría de Romanos 12: buscamos la transformación a través de la renovación de nuestras mentes.

Puedes sentirte tentada a preguntar: «¿Qué hay de malo con mi mente?». Eres inteligente, tienes buena educación y conocimientos de computadoras, tienes información ilimitada a tu alcance, algo muy diferente de la audiencia a la que Pablo escribió. El problema no es la falta de información; es la falta de renovación. Vivimos en un mundo caído, lo que significa que nuestras mentes también lo están. Fuimos hechos para adorar, pero a menos que nuestras mentes hayan sido renovadas, no adoramos a Dios, adoramos lo que *queremos*. La pregunta sigue siendo, ¿cómo renovar tu mente? La palabra *renovación* que se encuentra en Romanos 12:2 solo aparece en otro lugar del Nuevo Testamento griego, y lo que me da una gran esperanza es que este proceso no sea algo que tú y yo podamos hacer por nosotras mismas. Nosotras no podemos. Necesitamos al Espíritu Santo.

Pero, cuando se manifestaron la bondad y el amor de Dios nuestro Salvador, él nos salvó, no por nuestras propias obras de justicia, sino por su misericordia. Nos salvó mediante el lavamiento de la regeneración y de la renovación por el Espíritu Santo (Tito 3:4-5).

Renovar nuestras mentes es una hermosa obra conjunta entre consagrarse a ser más como Cristo y a tener el poder transformador del Espíritu Santo operando en nosotras. ¿Qué quiero decir con eso? ¿Cuál es nuestra parte? Alguien me preguntó un día a qué me he consagrado más. Le di algunas respuestas: A Cristo, a mi familia, a ayudar a otras mujeres a encontrar la libertad, a ayudar a las víctimas del tráfico sexual... a mis perros. Luego me dijo: «Mira en qué pasas la mayor parte del tiempo y eso te dirá lo que te interesa». Pensé en eso por un tiempo. Ciertas temporadas de la vida son más exigentes que otras. Si tienes niños pequeños, no tienes mucho de tu tiempo. Pero si eres como yo, encontramos tiempo para lo que creemos que necesitamos descansar. ¡Tal vez te guste enterrar tu cara en un buen libro con la puerta del baño cerrada! O si eres leal a un programa de televisión en particular, tendrás tiempo para verlo. He tenido que preguntarme: Lo que hago con mi tiempo libre ¿me renueva o simplemente me distrae? Ahora, no me malinterpretes: a veces creo que lo que necesitamos es distraernos, pero eso no nos ayuda a renovar nuestra mente. Ahí es donde las decisiones que hacemos determinan si estamos trabajando con el Espíritu Santo o no. Así como tenemos un Salvador que nos ama, tenemos un enemigo que nos odia. Este hará todo lo que pueda para distraernos y condenarnos.

Cuando comencé a darme cuenta de que parte de mi vida aún estaba siendo influenciada por patrones de pensamiento destructivos, hice algunos cambios. No eran saltos monumentales, eran simples pasos, uno cada día. Me percaté de que tenía un problema interno (mis pensamientos) y otro externo (las cosas que permito que me afecten). De modo que hice de mis problemas internos y externos una cuestión de oración enfocada. Afrontémoslo: no importa cuánto intentemos cambiar, es difícil. Así que,

1. Comencé, diariamente, a pedirle al Espíritu Santo que cambiara mi corazón. Le pedí que lo enterneciera y que me enseñara la verdadera humildad.
2. Entonces comencé a trabajar con Él. Eliminé los programas que veía o las revistas que leía y que promovían una forma de pensar incorrecta. Frecuentaba a los amigos que me acercaban a Cristo. Oraba, oraba y oraba. Hablaba con Dios acerca de todo. Leía buenos libros de hombres y mujeres piadosos, pero más que todo, hice de la Biblia mi mejor amiga. Descubrí que cuando comencé

a trabajar con el Espíritu Santo, en vez de pensar: *Tengo que hacer esto si quiero parecerme más a Jesús*, encontré las ganas de hacer las cosas que me acercaban más a Él y le daban gloria a Dios el Padre. Ahí es cuando empiezas a ver que tu mente se está renovando: cuando las cosas que crees que deberías hacer se convierten en las que simplemente te encantan.

Por tanto, ¿dónde empiezas a dar el siguiente paso?

Comienza donde estés. No pienses: *Tengo que leer toda la Biblia en los próximos seis meses*. Empieza con la oración. Pídele al Espíritu Santo que ablande tu corazón y abra tus ojos. Encuentra una traducción de la Biblia que puedas entender. Leo la Nueva Traducción Viviente para el devocional, pero si estoy estudiando un pasaje, me encanta la Nueva Versión Internacional.

Habla con Dios. Él te ama mucho. No pienses que tienes que usar palabras rebuscadas. Él es tu papá, solo háblale.

Luego congratúlate. No somos perfectas, pero somos redimidas, así que date un descanso. La verdad es que soy un poco rara y algo excéntrica, y me ha costado bastante ver que: Sí, lo soy. . . y que ¡eso está bien!

Un paso a la vez

Reflexiona en tu pasado

1. Presta atención esta semana a cómo pasas la mayor parte del tiempo. Puede que seas una madre ocupada y realmente no tienes tiempo para ti. Es probable que estés en un trabajo que te deje agotada y extenuada, pero cuando al fin te desplomas en tu silla favorita, ¿entonces qué? Nuestras vidas están muy ocupadas, pero cuando tienes esos momentos para respirar, ¿cómo los usas? ¿Enciendes el televisor y dejas que sus mensajes te inunden? No me malinterpretes, tengo mis programas favoritos como tú, pero también aprovecho el tiempo cada día para prestar atención a lo que estoy pensando. Eres una obra en proceso y mereces invertir tiempo en lo que te estás convirtiendo. Piensa en tu vida como en una pintura: ¿cuáles son las pinceladas que agregas cada día? Reflexiona un poco en lo pasado. Aunque sean cinco o diez minutos, busca un lugar tranquilo, alejado del ruido, y escucha las cintas que se reproducen en tu cabeza. Anótalas aunque sean muy negativas. No se trata de pasar una prueba; se trata de ser sincera contigo misma en cuanto a dónde estás con el fin de dar un paso adelante.

2. Captura tus pensamientos. Sé consciente de los pensamientos negativos familiares que invaden tu mente y tómalos de la manera más rápida posible. Pablo le escribe esto a la iglesia en Corinto:

> Destruimos argumentos y toda altivez que se levanta contra el conocimiento de Dios, y llevamos cautivo todo pensamiento para que se someta a Cristo (2 Corintios 10:5).

Toma cada pensamiento cautivo. Agarra cada cosa negativa que hayas creído acerca de ti y reemplázala con la verdad. Este paso no será fácil. Requiere arduo trabajo. Es posible que hayas creído mentiras sobre ti misma por años, pero Cristo quiere que seas libre. Aquí tenemos algunas de las verdades que recuerdo cuando me encuentro con un patrón de pensamiento negativo:

Soy hija de Dios.
Soy amada.
Tengo un futuro.
Dios es por mí.

Encuentra las verdades que más te conmuevan y comienza a cambiar tu forma de pensar.

Cuatro

Enfréntate al ¿Y qué si...?, aunque tengas miedo

León cobarde: «De acuerdo, iré allí por Dorothy. Con bruja mala o sin ella, con guardias o sin guardias, los destrozaré. Puede que no salga con vida, pero voy a entrar allí. Solo hay una cosa que quiero que ustedes hagan».

Hombre de lata y Espantapájaros: «¿Y qué es?»

León cobarde: «¡Háblenme de eso!»

—*El maravilloso mago de Oz*

Pues Dios no nos ha dado un espíritu de timidez, sino de poder, de amor y de dominio propio.

—2 Timoteo 1:7

Dios no nos ha dado un espíritu de temor, pero eso es algo con lo que muchas de nosotras luchamos todos los días. Puede funcionar para nosotras o contra nosotras. Puede paralizarnos o servir para advertirnos de un peligro inminente.

He visto cómo opera con los animales en la naturaleza. Hace unos años, pasé un tiempo en Kenia visitando y llevando suministros a niños que habían sido patrocinados por la agencia de ayuda World Vision. Al final de nuestro viaje, nuestros anfitriones locales se ofrecieron a llevarnos a un safari de todo el día en el Maasai Mara, la reserva de cacería más grande de Kenia. Me entusiasmó la perspectiva de ver animales en su entorno natural. Partimos al amanecer, con binoculares, bloqueador solar y botellas de agua en la mano. Nuestro conductor nos dijo que no podía garantizar qué animales veríamos, pero que haría todo lo posible. Condujimos durante un tiempo por caminos accidentados en un jeep descapotable y luego, cuando doblamos una esquina, vimos unas cebras tan cerca que casi podíamos tocarlas. Asombroso. Sus rayas en blanco y negro lucían como si hubieran sido pintadas esa mañana. Nos miraron como si fuéramos los de aspecto extraño y salimos corriendo. Luego las jirafas. Tan elegantes, con hermosas marcas y caras tiernas. Condujimos durante un par de horas más sin ver nada y luego, de repente, nuestro conductor detuvo el jeep y señaló hacia la distancia. Agarré mis binoculares y miré. Era un grupo de hipopótamos muy grandes metidos en el barro al borde del río Mara. Inmediatamente comencé a cantar esa famosa canción de los hipopótamos de mi infancia a todo volumen:

Barro, barro, barro glorioso
No hay nada como para enfriar la sangre. . .

El conductor se volteó y respetuosamente me pidió que guardara silencio, lo cual intenté no tomarlo como ofensivo.

«¿Podemos acercarnos un poco más?», pregunté.

«¡No, si quieres ver otro día!», dijo. «El hipopótamo es uno de los animales más peligrosos de África».

¡Basta de charla!

El sol estaba empezando a ponerse, y ya era hora de regresar al Keekorok Lodge, donde nos alojábamos esa noche. Al llegar a la cima de una colina, vi un impala. Se había separado de la manada por alguna razón y, en vez de correr con esos pasos largos y elegantes que esperaba ver, estaba completamente inmóvil como si estuviera congelado. Le pregunté a nuestro conductor por qué no se movía. Señaló a la distancia, a un claro en los árboles. Allí estaba la razón: un magnífico león acechando a su presa. Nos dijo que el impala es mucho más rápido que el león, pero se puede paralizar literalmente de miedo. Quería gritar y decirle que corriera, pero el conductor me dijo que guardara silencio... ¡otra vez!

El miedo puede servir para protegernos, pero también puede paralizarnos y evitar que seamos lo que se ideó que fuéramos. Eso es parte de mi historia. La primera vez que me invitaron a hablar y enseñar, dije que no. Fue una oportunidad fabulosa con una conferencia que Dios estaba usando claramente para tocar las vidas de las mujeres, pero estaba aterrorizada. Me sentía cómoda como presentadora de televisión o como cantante, pero la idea de pararme con un micrófono delante de un grupo de mujeres me horrorizaba. Había tantos pensamientos merodeando por mi mente:

¿Qué pasaría si no puedo recordar el mensaje?
¿Y qué pasaría si me congelo en el escenario?
¿Qué pasaría si digo algo insensato?
¿Qué pasaría si necesito ir al baño?
¿Qué pasaría si lo hago malísimo?

El anfitrión de la actividad persistió. Le dije que no por segunda vez, pero la tercera vez, me pidieron que orara por eso. ¡Fue un golpe bajo! Le presenté lo mismo al Señor. La sensación abrumadora era simple: *Hazlo. No tienes que ser perfecta.*

Ahora, antes de que pienses que tengo una línea directa al cielo mediante la que escucho la voz audible de Dios, no, no la tengo. Pero después de años de caminar en relación con Él, leer mi Biblia y escuchar los silenciosos impulsos del Espíritu Santo, conozco su voz en mi espíritu. De modo que acepté la invitación.

Me encantaría decirte que una vez que dije que sí, me sentí abrumada por una sensación de paz. Pero no fue así. Todavía estaba aterrorizada, pero me presenté. También me encantaría decirte que una vez que subí a esa plataforma y miré la multitud de ocho mil mujeres, me convertí en la mejor predicadora desde Charles Spurgeon. Pero una vez más, no fue así. A mitad de mi mensaje, vi que mi imagen se mostraba en pantallas gigantes alrededor de la arena y comencé a reírme. Luego vi que mi cabello se estaba pegando hacia atrás, por lo que traté de arreglármelo. Ese día, todas nos reímos; pero no estoy segura de que mi mensaje se haya quedado en la mente de alguien. Ahora, veinticinco años después de ese primer discurso, tengo un nuevo entendimiento acerca de lo que somos llamadas a hacer. ¡Estamos llamadas a presentarnos! Nunca se tratará de que obtengamos algo perfecto, pero cuando nos presentamos, Dios puede hacer lo que solo Él puede hacer.

Es posible que pienses que eso no te sucedería a ti, ya que puede que no seas una oradora; pero afecta todos los ámbitos de la vida. Después de la muerte de mi padre, mi mamá tuvo que criar sola a tres hijos. Éramos siete, cinco y dos. Ella tenía muy pocos ingresos, pero una fe sólida que Dios había prometido ser un marido para la viuda y un padre para los huérfanos. Después de la muerte de mi padre, ella le pidió a Dios dos cosas:

1. Que todos llegáramos a la fe en Cristo a una edad temprana.
2. Que viviera para vernos a todos adultos y establecidos en nuestras carreras y vocaciones.

Dios honró esas oraciones. Cada uno de nosotros se consagró a Cristo antes de cumplir los diez años de edad. En cuanto a la oración número dos, mi hermana fue la primera en graduarse de la universidad y se convirtió en maestra de escuela primaria. Fui la siguiente y luego de graduarme del seminario, comencé a trabajar con el ministerio Juventud para Cristo. Finalmente, después de siete años de estudio, mi hermano se graduó de arquitecto.

Volé a casa en Escocia para pasar un tiempo con mamá después de la graduación de Stephen. Una mañana, sentada junto al fuego, con la taza de té en la mano, le pregunté: «¿Y ahora qué, mamá?». Me preguntó qué quería decir con eso. Le dije que Dios había contestado esas dos oraciones que ella rogaba cuando todos éramos pequeños, y que, ¿por qué quería orar ahora? Ella sonrió con esa sonrisa sesgada que siempre tenía y dijo que no tenía ni idea.

Mi mamá no tuvo una vida fácil. Tuvo que abandonar la escuela a los quince para ayudar a su madre a cuidar a su padre que tenía Alzheimer. Tenía solo treinta y tres años cuando murió mi papá y nunca se volvió a casar. Sabía que tenía que haber tenido sueños que abandonó cuando la vida le exigió que asumiera roles que nunca se imaginó. Entonces, le pregunté acerca de esos sueños.

—¿Qué te habría encantado hacer si las circunstancias hubieran sido diferentes?

—Me hubiera encantado ser maestra —dijo—. O dirigir un estudio bíblico.

Le dije que no era demasiado tarde.

—Si todavía tienes pulso, mamá, y no te has muerto, no es demasiado tarde. Puedes comenzar un estudio bíblico en tu casa.

Ella me miró con escepticismo, una mirada a la que me he acostumbrado cariñosamente.

—¿Por qué no? —le pregunté.

Entonces, comprensiblemente, empezaron los «qué pasaría si».

¿Y qué pasaría si no viene nadie?

¿Y qué pasaría si hacen una pregunta y no sé la respuesta?

¿Y qué pasaría si doy una respuesta incorrecta?

No creo que ninguna de mis vecinas sea cristiana; ¿y qué pasaría si se ofenden?

¿Y qué pasaría si esperan que ore en voz alta?

Le aseguré que me quedaría hasta que tuviera la primera reunión, y si no tenía respuesta a una pregunta, solo podía decir: «Lo siento, no lo sé, pero podemos averiguarlo juntos». Finalmente, accedió a dar el primer paso. Creamos una invitación sencilla y las coloqué en los buzones de todas sus vecinas. (En realidad, antes de que mi hermana lea esto, y me recuerde que en Escocia no usamos buzones, los dejé en sus cajas de las cartas. A mi familia le encanta la precisión.)

Llegó la noche, y mamá estaba muy nerviosa. Colocamos algunas sillas adicionales en su sala, sin estar seguras de quién vendría, si acaso, alguien. Cinco mujeres asistieron. Mamá me pidió que iniciara con oración.

«Dios, gracias por esta noche. Gracias por estas damas que han venido. Nos encantaría aprender más sobre ti. Amén».

Fue una noche extraordinaria. Mamá y yo habíamos ido a nuestra librería cristiana local y compramos varios ejemplares de un estudio simple sobre el Evangelio de Juan. Comenzamos con la primera lección, pero no llegamos muy lejos.

«¿Quién es "la Palabra"?».

«¿Qué significa que Él existió al principio con Dios? ¿Era hermano de Dios?».

«La luz brilla en la oscuridad. . . ¿Está hablando de la luna?»

Fue tan maravilloso sentarme con un pequeño grupo de mujeres sinceras que entendían muy poco acerca de Dios, de la Biblia, de la fe y no temían hacer preguntas. (Menos del dos por ciento de la población de Escocia va a la iglesia.) Mamá hizo un gran trabajo. A su manera, tranquila y amable, respondió a todas las preguntas para las que teníamos tiempo. Me quedé en silencio, orando por ella en cada momento. Al final, les serví té y unos pasteles; y escuché mientras conversaban sobre la vida, el clima, sus dolores y sus molestias. Esa noche, la sala de mi madre se convirtió en un lugar sagrado. Nada era perfecto, pero todas estábamos presentes y Dios estaba con nosotras. Varias semanas después, lloré con mamá por teléfono cuando me contó que una de sus vecinas había entregado su vida a Cristo, puesto que el mensaje del Evangelio de Juan se hizo real para ella.

Me pregunto acerca de tus *qué pasaría si*. El miedo y los cuestionamientos que avivan esos *qué pasaría si*, nos impiden profundizar en la fe y vivir la vida que anhelamos. Creo que tenemos miedo a equivocarnos, a que seamos mal entendidas o rechazadas, o que fracasemos. La realidad es que todas esas cosas son posibles, pero no tienen que detenernos. Cuando era niña, una amiga me trajo un collar de un viaje que hizo a Israel. Era una bolita de cristal, y dentro había una pequeña semilla de mostaza. El siguiente versículo de la Escritura estaba dentro:

—Por la poca fe que tienen —les respondió—. Les aseguro que, si tuvieran fe tan pequeña como un grano de mostaza, podrían decirle a esta montaña: «Trasládate de aquí para allá», y se trasladaría. Para ustedes nada sería imposible (Mateo 17:20).

Pasé los siguientes veinte años concentrándome en lo difícil que sería mover una montaña y olvidé todo sobre el tamaño de la semilla. La semilla de mostaza era pequeña, es una de las más pequeñas que existe. Las personas que escucharon a Jesús ese día pensaron en las montañas como pilares que sostenían al cielo. En su comentario sobre el Evangelio de Mateo, R. V. G. Tasker escribe lo que sigue:

> Mover una montaña era una expresión proverbial para superar una gran dificultad. El significado de este versículo es que una fe fuerte puede lograr lo que parece imposible, ya que el hombre de fe se basa en los recursos divinos.[1]

Es Dios el que mueve la montaña, solo necesitamos la pequeña semilla de la fe. Si incluso eso te parece abrumador, esto es lo que escribe el teólogo R. T. France:

> Es importante observar aquí que no es la «cantidad» de fe lo que hace que lo imposible se alcance, sino el poder de Dios, que está disponible incluso para la fe «más pequeña».[2]

Me encanta eso. Dios nos lleva a donde estamos, y cuando seguimos y le ofrecemos lo más mínimo de fe, se mueve a favor nuestro. Pero si nos sentamos a la espera de que desaparezca el miedo, es probable que nos quedemos sentados por un tiempo.

Hazlo con miedo

Hace algunos años tuve el privilegio de entrevistar a Elisabeth Elliot, viuda de Jim Elliot. Si no estás familiarizado con su historia, veamos algo de la misma: Jim y cuatro de sus amigos misioneros estaban apasionados por testificar del evangelio de Cristo a un grupo determinado de personas no alcanzadas: los indios aucas de Ecuador. Sabían que los aucas eran una tribu peligrosa, tenían la reputación de cometer asesinatos en masa; y creían que la única forma de detener aquello era si llegaban a la fe en Cristo. Con el uso de un avión de Mission Aviation Fellowship, pasaron algún tiempo lanzando suministros a la tribu en varios sobrevuelos hasta que sintieron que finalmente era hora de reunirse con los indígenas cara a cara. Una mañana de 1956, los cinco hombres del grupo bajaron a la playa. Esperaron a ver qué podía pasar, pero nada podría haberlos preparado para lo que vieron a continuación. Un grupo de guerreros auca emergió de los árboles con sus lanzas alzadas, listas para dispararlas. Jim tenía una pistola en el bolsillo, pero aun cuando la agarró, supo que no podía usarla. Los cinco hombres habían prometido que nunca matarían a un auca que no conociera a Cristo solo para salvarse a sí mismos. Ese día, los cinco murieron.

Una de las creencias por las que Jim vivió no podría haber sido más poderosamente hermosa que en esa mañana oscura:

> No es tonto quien da lo que no puede mantener, para mantener lo que no puede perder.[3]

Cuando Jim fue asesinado, Elisabeth quedó sola —criando a su hija de diez meses, Valerie—, en un país extranjero. ¿Te imaginas los «qué pasaría si» que deben haber pasado por su mente?

¿Y si ellos no hubieran ido allí ese día?
¿Qué habría pasado si hubieran continuado lanzando regalos y mensajes?
¿Y si él hubiera esperado hasta que nuestra hija fuera mayor?

Cuando trato de ponerme en su lugar, imagino que mi primer pensamiento hubiera sido salir de allí en el primer avión que consiguiera. Pero eso no fue lo que hizo Elisabeth. Ella creía que Dios los había enviado allí como familia y el trabajo no había terminado. Sin embargo, me dijo que su vida estaba completamente controlada por el miedo. Cada vez que quería salir con fe, el miedo la detenía. Los «qué pasaría si» eran escalofriantes. Entonces una amiga le dijo algo que cambió su vida: «¿Por qué no lo haces con miedo?».

Junto con Rachel Saint, la hermana de Nate Saint (uno de los misioneros asesinados), terminaron el trabajo por el que murieron sus seres queridos: alcanzaron a las tribus indias del Ecuador, incluidas las mismas personas que habían asesinado a sus seres amados. Cuando su hija tenía solo tres años, Elisabeth y Valerie se mudaron y vivieron con la tribu por dos años, viendo a muchos acudir a la fe en Cristo. El nombre «Auca» era un calificativo peyorativo que la tribu quechua les puso y significa «salvajes desnudos». Su verdadero nombre es Huaorani o Waodani, que significa «personas verdaderas». Todos los guerreros que mataron a los misioneros llegaron a la fe en Cristo y se convirtieron en su verdadero pueblo.

Esa es claramente una historia muy radical. Muy pocas personas seremos llamadas a hacer ese tipo de sacrificio. Pero Elisabeth, que murió hace unos años, nos ha ayudado a dar un paso en nuestro camino. *Hacerlo con miedo.*

Los «qué pasaría si» que tan a menudo nos refrenan, tienen sus raíces en un sistema de creencias defectuoso. Creemos que si vamos a dar un paso, tenemos que estar seguras de que todo lo que estemos intentando tendrá éxito. No creo que eso sea lo que se nos pide que hagamos. Creo que se nos pide que actuemos con fe y dejemos los resultados a Dios. Quizás hayas actuado en el pasado, convencida de que Dios te había llamado y equipado, y las cosas no salieron como esperabas. Eso puede sentirse devastador. Es posible que hayas tenido una relación rota con un miembro de la familia y, después de orar por la situación, supiste que era hora de dar el primer paso, pero eso salió terriblemente mal. Es algo confuso. O bien, estabas segura de que Dios te dijo que era hora de pedir un aumento de sueldo en el trabajo, consciente de que se te debía hacía mucho tiempo. Confiada, acudiste a tu jefe y presentaste tu caso. Lo hiciste con respeto y de manera convincente, pero no fue recibido de esa manera. En vez de avanzar, sentiste como si hubieras retrocedido dos pasos. Esos tipos de experiencias nos pueden paralizar. Pueden hacernos enojar con nosotras mismas, airarnos con el que no respondió bien o incluso enfadarnos con Dios.

Cuando actúas y Dios no da un paso adelante

El profeta Elías sabe cómo te sientes. Es probable que preguntes: «¿Qué puede decir un profeta que vivió hace miles de años en un mundo y una cultura diferentes, que me sea de ayuda hoy?». Déjame decirte que ¡mucho! He conocido la esencia de esa historia desde que era niña, pero cuando empiezas a darle argumentos, tenemos mucho que aprender. Un poco de información acerca de los antecedentes sobre lo que estaba sucediendo en Israel en aquel momento nos dará el contexto. Acab y Jezabel fueron reyes de Israel. En vez de ser fieles a Dios, introdujeron la adoración a Baal, un culto al sexo, la riqueza y el poder. El escritor de 1 Reyes escribe esto acerca de Acab:

> En fin, hizo más para provocar la ira del Señor, Dios de Israel, que todos los reyes de Israel que lo precedieron (16:33).

Dios habló a su profeta Elías y le dijo que era hora de confrontar esa flagrante idolatría. Ahora llegamos a la parte de la historia con la que quizás estés familiarizada, los últimos asaltos de la pelea final en la cima del Monte Carmelo. Elías convocó a todos los profetas de Baal, unos cuatrocientos cincuenta de ellos, a unirse a él y al rey Acab en la cima de la montaña para determinar de una vez por todas quién era el verdadero Dios. Estableció las reglas básicas. Cada grupo tomaría un toro, lo mataría, lo cortaría en pedazos y lo pondría sobre un altar. Luego, sin prenderle fuego, recurrirían a quien ellos servían para que consumiera el sacrificio. Elías invitó a los cuatrocientos cincuenta profetas de Baal a iniciar el acto. Pasaron horas clamando a Baal, cortándose con cuchillos y espadas, que era parte de sus prácticas habituales de adoración bárbara, pero nada sucedió. Elías comenzó a reírse de ellos, sugiriendo que podían gritar más fuerte en caso de que Baal estuviera tomando una siesta. Luego fue el turno de Elías.

> Entonces Elías le dijo a la gente:
> —¡Acérquense!
> Así lo hicieron. Como habían dejado en ruinas el altar del Señor, Elías lo reparó. Luego recogió doce piedras, una por cada tribu descendiente

de Jacob, a quien el Señor le había puesto por nombre Israel. Con las piedras construyó un altar en honor del Señor, y alrededor cavó una zanja en que cabían quince litros de cereal. Colocó la leña, descuartizó el buey, puso los pedazos sobre la leña y dijo:

—Llenen de agua cuatro cántaros, y vacíenlos sobre el holocausto y la leña.

Luego dijo:

—Vuelvan a hacerlo.

Y así lo hicieron.

—¡Háganlo una vez más! —les ordenó.

Y por tercera vez vaciaron los cántaros. El agua corría alrededor del altar hasta llenar la zanja.

A la hora del sacrificio vespertino, el profeta Elías dio un paso adelante y oró así: «Señor, Dios de Abraham, de Isaac y de Israel, que todos sepan hoy que tú eres Dios en Israel, y que yo soy tu siervo y he hecho todo esto en obediencia a tu palabra. ¡Respóndeme, Señor, respóndeme, para que esta gente reconozca que tú, Señor, eres Dios, y que estás convirtiéndoles el corazón a ti!»

En ese momento cayó el fuego del Señor y quemó el holocausto, la leña, las piedras y el suelo, y hasta lamió el agua de la zanja. Cuando vieron esto, todos se postraron y exclamaron: «¡El Señor es Dios! ¡El Señor es Dios!» (18:30-39).

¿Te imaginas cómo debe haber sido eso? Elías había depositado su confianza en Dios y este apareció en formas que debían haberle sorprendido incluso a él mismo. Les pidió que mojaran la madera para hacerla más difícil de quemar, pero Dios quemó no solo el buey y la madera, sino que también consumió las piedras, el agua y el polvo. No es de extrañar que aquellas personas cayeran de bruces.

Elías ordenó que cada uno de los profetas de Baal fuera ejecutado. Desde la perspectiva de Elías, el mal en la tierra ahora había sido purgado. Estaba seguro de que Acab y Jezabel se arrepentirían y que todo Israel volvería a adorar al único Dios verdadero. Entonces, dada la fuerza especial de Dios, Elías corrió hasta Jezreel, donde Acab y Jezabel tenían su palacio. La única razón por la que habría ido allí era porque estaba seguro del resultado. Mientras esperaba que lo llamaran al palacio y le dieran las gracias por ayudar a regresar a la nación al único Dios verdadero, recibió un mensaje del palacio, pero no el que esperaba.

> Entonces Jezabel envió un mensajero a Elías para decirle: «¡Que los dioses me castiguen sin piedad si mañana a esta hora no te he quitado la vida como tú se la quitaste a ellos!» (19:2).

Elías no podía creer lo que estaba oyendo. Hizo todo lo que Dios le ordenó. Había arriesgado su vida como un hombre contra cuatrocientos cincuenta, y ahora la reina le había jurado por su propia vida que al día siguiente, a la misma hora, estaría muerto. Por eso corrió. Estoy segura de que estaba agotado por la competencia pero, más que eso, no entendió lo que estaba sucediendo. ¿Por qué no se habían arrepentido el rey y la reina con una demostración de poder tan clara? ¿Cuál fue el objetivo de aquello si nadie cambió? Llegó hasta Berseba, a unos ciento sesenta kilómetros, con su sirviente, y luego lo dejó ir. Como si estuviera diciendo: «Ya he terminado. Fuiste mi siervo cuando fui profeta, pero renuncié».

Así que se fue solo al desierto y esa noche se derrumbó exhausto debajo de un árbol. Antes de quedarse dormido, oró:

> «¡Estoy harto, Señor! —protestó—. Quítame la vida, pues no soy mejor que mis antepasados» (19:4).

Estaba agotado, confundido y deprimido. Se había enfrentado a sus «¿y qué si?», y el resultado no tuvo ningún sentido.

> *¿Qué pasaría si escuché mal a Dios y no consume el sacrificio?*
> *¿Qué pasaría si los profetas de Baal me matan en la montaña?*
> *¿Qué pasaría si tienen algún truco y logran prenderle fuego a su sacrificio?*

Elías los había enfrentado a todos, él actuó; Dios apareció con poder pero, por lo que podía ver, nada había cambiado. Los falsos profetas estaban muertos, pero otros se levantaban para tomar su lugar. Elías terminó.

Si alguna vez te has sentido desanimada a tal grado, sabes lo que es estar devastada; simplemente no tiene sentido. Quizás fuiste parte de la puesta en marcha de una iglesia a la que sabías que Dios te había llamado. Dejaste una casa y un área que amabas por simple obediencia y, después de un gran comienzo, de repente todo salió terriblemente mal. O invitaste a un amigo, un compañero de trabajo o un vecino por el que has estado orando, a un servicio de Pascua. El culto es extraordinario, Dios está claramente en su templo y al final las personas entregan sus vidas a Cristo, pero tu invitado está más apagado que nunca. Tal vez tu hijo, que no ha estado interesado en la fe, te pide una Biblia. Sabes que esta es una respuesta a la oración, pero después de unas semanas, te la devuelve diciendo que no le ve sentido. Tus peores temores te hacen ver que espiritualmente no tiene hambre de Dios. Hay tantas veces en la vida cuando, después de encontrar la valentía para enfrentar nuestros temores y superar los «qué pasaría si», las cosas no resultan como deberían.

Aseguré que algunas cosas de la historia de Elías nos ayudarían, pero la ayuda en realidad no proviene de la vida del profeta; toda la ayuda viene de Dios. De lo que se trata es de lo que Dios hace cuando hemos llegado al final con nuestros propios medios. La siguiente parte de la historia es una imagen de la gracia.

> Luego se acostó debajo del arbusto y se quedó dormido. De repente, un ángel lo tocó y le dijo: «Levántate y come». Elías miró a su alrededor y vio a su cabecera un panecillo cocido sobre carbones calientes y un jarro de agua. Comió y bebió, y volvió a acostarse (vv. 5-6).

Un ángel lo tocó. Me parece muy conmovedor. Hay algo tan sanador con ese simple toque. No solo eso, sino que le dijo a Elías que comiera y bebiera. No le dio una conferencia ni le preguntó por qué huyó. No habló del deseo que sintió Elías de morir; solo cocinó para él. La palabra que aquí se traduce como ángel también significa «mensajero». Es posible que Elías pensara que ese era un extraño viajero que se compadeció de él. No hubo un saludo como por ejemplo: «no temas» por lo que, después de comer y beber, volvió a quedarse dormido.

El ángel del Señor regresó y, tocándolo, le dijo: «Levántate y come, porque te espera un largo viaje» (v. 7).

Esta vez, el escritor identifica al ángel como «el ángel del Señor». Warren Wiersbe nos ayuda a entender más acerca de quién fue ese personaje:

En el versículo 7, al visitante se le llama el ángel del Señor, un título del Antiguo Testamento para la segunda persona de la Deidad, Jesucristo, el Hijo de Dios.[4]

En varios lugares del Antiguo Testamento (como por ejemplo: Génesis 16:7, Éxodo 3:1-4, Jueces 2:1-4), tenemos apariciones del ángel del Señor. De hecho, en Éxodo 3:4-5, al ángel se le conoce como «el Señor» y «Dios». Este tipo de apariciones se llaman *teofanías*, que significa «aparición de Dios». Qué misericordioso es que Cristo mismo tocara a ese hombre agotado sin ninguna palabra de juicio, simplemente cuidando las necesidades de su cuerpo. Elías tenía un buen camino por delante. Se dirigía hacia el Monte Sinaí, uno de los lugares más sagrados de la historia judía, pero estaba a unos trescientos kilómetros de distancia. El recorrido le tomó cuarenta días y sus noches. Solo debió haberle tomado unas dos semanas. Me pregunto por qué, cuando estaba huyendo por su vida debido a una maniática, tardó tanto. Tal vez sus pensamientos se enfocaron en Moisés y los hijos de Israel, que vagaron por cuarenta años en el desierto. En los años venideros, Cristo también pasaría cuarenta días y cuarenta noches en el desierto.

¿Por qué Elías se dirigía al Monte Sinaí cuando sentía que su vida había terminado? Iba al lugar donde Dios se encontró con Moisés. A la montaña sagrada. Necesitaba que Dios lo encontrara ahí. Cuando pienso en esa intención, recuerdo la respuesta que Pedro le dio a Jesús cuando este les preguntó a los discípulos si ellos también lo dejarían:

«Señor —contestó Simón Pedro—, ¿a quién iremos?» (Juan 6:68).

¿Te parece familiar eso? A mí sí. Incluso cuando he estado en lo más profundo de la depresión, cuando también le he pedido a Dios que me quite la vida, el único al que debo acudir en busca de ayuda es Él. Elías se dirigió a la montaña y entró en una cueva. Algunas traducciones dicen *hendidura* en vez de *cueva*. Quizás esa fue la hendidura en la roca donde Moisés esperó a que Dios pasara. Agotado de su viaje, Elías pasó la noche en esa cueva. Pero entonces Dios le hizo una pregunta: «¿Qué haces aquí, Elías?» (1 Reyes 19:9).

Dios sabía exactamente por qué Elías estaba ahí, así como sabía dónde estaban Adán y Eva cuando les preguntó: «¿Dónde están?» (Génesis 3:9). Las preguntas de Dios nunca son para informarse; Él lo sabe todo. Solo que pregunta para revelarnos lo que está sucediendo dentro de nosotras.

Me consume mi amor por ti, Señor Dios Todopoderoso —respondió él—. Los israelitas han rechazado tu pacto, han derribado tus altares, y a tus profetas los han matado a filo de espada. Yo soy el único que ha quedado con vida, ¡y ahora quieren matarme a mí también! (1 Reyes 19:10).

Después que Elías se deshizo de todo lo que no tenía sentido para él y le dio la imagen —desde su perspectiva— a Dios, este lo llamó a la entrada de la cueva.

El Señor le ordenó: «Sal y preséntate ante mí en la montaña, porque estoy a punto de pasar por allí». Como heraldo del Señor vino un viento recio, tan violento que partió las montañas e hizo añicos las rocas; pero el Señor no estaba en el viento. Después del viento hubo un terremoto, pero el Señor tampoco estaba en el terremoto. Tras el terremoto vino un fuego, pero el Señor tampoco estaba en el fuego. Y después del fuego vino un suave murmullo (vv. 11-12).

Una vez más, después de este despliegue de temblores de la tierra, Dios plantea la pregunta: «¿Qué haces aquí?» Elías dio la misma respuesta que antes.

¡Te he servido fielmente!
Soy el único que lo hizo bien.
Soy el único que queda.
¡No hay nadie que se haya mantenido fiel sino yo!
¡Ahora están tratando de matarme!

Luego, el Señor dejó que Elías pasara el plan más grande, el que siempre había tenido. Le dijo que volviera por donde había venido y que ungiera a Jazael para que fuera el rey de Siria. Luego instruyó a Elías para que ungiera a Jehú como rey de Israel y a Eliseo para reemplazarlo a él mismo como profeta de Dios. Le dijo a Elías que esos tres hombres se encargarían de todos los que habían dejado de adorar a Dios, pero que Él preservaría a los siete mil que nunca habían doblado la rodilla ante Baal. Así le mostró a Elías que no era el único que quedaba; había una gran multitud de personas fieles que todavía servían a Dios, pese a lo que él creyera.

¿Alguna vez te has sentido tentada a descartar a todos los demás porque no parecen tan fieles como tú? ¿Alguna vez cuestionas a otra denominación porque no hacen las cosas como tú? ¿Alguna vez te has desanimado tanto por el estado del cristianismo que estás lista para rendirte? Dios se está moviendo, aun cuando no lo veamos. Dios tiene el control, aun cuando las cosas parezcan estar fuera de control. Cuando el viento, el terremoto y el fuego azotaron la montaña, Elías estaba protegido por la roca. Esa roca resistió la explosión al igual que Cristo, la Roca, resistió toda la fuerza de la ira de Dios sobre sí mismo —en la cruz— con el fin de que tú y yo podamos apoyarnos en el tierno susurro de Dios cuando no entendemos lo que sucede alrededor y dentro de nosotras.

Los *qué pasaría si* siempre estarán presentes. Somos humanas. E incluso cuando los superemos y demos un paso de fe, las cosas no siempre funcionan de una manera que tenga sentido para nosotras. Pero una cosa sé con certeza:

No tienes que ser perfecta, solo actúa.

Puedes derramar tus «qué pasaría si» al Señor.

Cuando des ese paso y las cosas parezcan ir mal, Dios está trabajando, Dios es fiel y Dios es un Dios de gracia.

¿Cuáles son los «qué pasaría si» que te detienen? ¿Estás dispuesta a dar un paso y ver lo que Dios podría hacer? Solo debes saber esto: cuando llegues al final de ti misma y no lo consigas, toma una siesta, come bien e inclínate para escuchar el tierno murmullo de Dios. Por cada «qué pasaría si», que pase por tu mente —y créeme, todavía pasan por la mía—, permite que la verdad de la Palabra de Dios sea más fuerte que el clamor del miedo.

> ¡Te alabo porque soy una creación admirable!
> ¡Tus obras son maravillosas,
>   y esto lo sé muy bien! (Salmos 139:14).

Porque para Dios no hay nada imposible (Lucas 1:37).

Para los hombres es imposible —aclaró Jesús, mirándolos fijamente—, mas para Dios todo es posible (Mateo 19:26).

Dios se está *moviendo,*

aun cuando no lo veamos.

Dios tiene el *control,*

aun cuando las cosas

parezcan estar fuera

de control.

Un paso a la vez

No renuncies: cada paso cuenta

1. Recuerda que esta no es una solución rápida. Enfrentar los «qué pasaría si» será un desafío, aun cuando hayas comenzado a progresar, puesto que es muy fácil y tentador renunciar. Estamos en una marcha completa, no en un trayecto de un día.

2. No dejes que el miedo tome el control. Escribe todo lo que temes. El miedo es un gran obstáculo que nos puede paralizar. Recuérdate esta promesa cada vez que el miedo comience a tomar tu corazón: «Pues Dios no nos ha dado un espíritu de timidez, sino de poder, de amor y de dominio propio» (2 Timoteo 1:7).

   Se cree que esta es la última carta que escribió Pablo. Él estuvo en prisión y enfrentó la ejecución. Muchos creyentes lo abandonaron porque bajo el gobierno del emperador Nerón, era un crimen ser cristiano. La mitad de Roma fue quemada. Para muchos, los «qué pasaría si» ocurrieron. Aquí, Pablo nos muestra que, incluso en la noche más oscura, no debemos tener miedo porque Dios tiene el control.

3. ¿Y qué si te has rendido? Dile a Dios que te has rendido, que fue demasiado difícil para ti, que has renunciado. Luego pídele que te ayude a comenzar de nuevo. Toma la lista de todo lo que temes y léeselo. Cambia el lugar que el miedo tiene en tu vida.

   M... manifiéstate ante Dios.
   I... insiste en buscarlo fervientemente.
   E... exígele que te dé su paz.
   D... descansa en su presencia.
   O... ora sin cesar.

Cinco

Deja lo que no puedas controlar

He aprendido a besar las olas que me arrojan contra la Roca de los siglos.
—Charles Haddon Spurgeon

Sabemos que Dios dispone todas las cosas para el bien de quienes lo aman, los que han sido llamados de acuerdo con su propósito.
—Romanos 8:28

No tenía ni idea de cuánto me enfrentaría con el asunto del control hasta que llegué a ser madre. Nuestro hijo no caminó hasta que tuvo catorce meses de edad. Para entonces, amigos y familiares expresaron su preocupación de que estaba atrasado en cuanto a los indicadores apropiados para su edad y su tamaño. Les dije que estaba convencida de que mi hijo, que podía gatear a la velocidad de un Lexus, no tenía interés en los indicadores y que caminaría cuando estuviera muy bien preparado para hacerlo. ¡Y así lo hizo!

Estaba en una actividad ante una gran audiencia, cuando Barry llevó a Christian hasta la orilla del escenario para que gateara hacia mí. Lo había estado haciendo durante semanas. Era su truco festivo. Esa noche, sin embargo, se detuvo por un momento, miró a la multitud, me vio y luego se levantó y caminó. Recuerdo que pensé: *Espero que no requiera una audiencia para todas las cosas principales de la vida. Eso podría ser un reto.* Pero a Christian simplemente le gustaba hacer las cosas a su propio ritmo. Era lo mismo con el entrenamiento para ir al baño a hacer sus necesidades. Disfruté el momento de pasar de los pañales de bebé a los pantalones de niño grande con el entusiasmo que generalmente se reserva para un viaje al mundo mágico de Disney. De acuerdo a todos los libros sobre crianza de niños, él tenía la edad óptima. Pero eso no le impresionaba. Me dijo: *No, gracias.* Entonces, un día, llevé a Christian y uno de sus amigos, que era unos meses mayor, a McDonald's para que almorzaran. Después que comieron y tras correr un rato en el patio de recreo, su amigo dijo que necesitaba usar el baño. Ese día Christian hizo el gran descubrimiento de que su amigo estaba usando pantalones de niño grande, como los de la película *Toy Story.* Fue un momento emocionante. De modo que en el camino a casa, anunció: «Mamá, he terminado con los pañales». Nunca los volvió a usar.

Una de las mejores lecciones para los padres es que no tenemos el control. Con los niños, no controlamos el momento en que deciden nacer, cómo se alimentarán, qué están dispuestos a comer o a expeler. No controlamos cómo duermen o si no lo hacen. Christian no fue fanático del sueño durante los primeros nueve meses, ni por la noche ni para las siestas. En esa época pensé que podría perder lo poco de mi mente que me quedaba. Aceptamos todos los consejos de los amigos que nos aseguraron que habían encontrado la única cosa que haría que el bebé más reacio durmiera como un ángel. Los probamos todos. Pusimos su asiento en la secadora. Pasamos la aspiradora en su habitación hasta que no quedara nada amontonado sobre la alfombra. Lo sentamos junto al baño y dejamos correr el agua hasta que nos preocupara que pudiéramos ser los únicos responsables de la aparente crisis del agua de nuestro estado. Barry colocaba su asiento en el auto y lo paseaba hasta que se quedaba dormido, pero en el momento en que lo hacía entrar, se reanudaba el grito de angustia del guerrero de medianoche. Una de esas noches Barry, al ver lo agotada que yo estaba, me dijo que estaría de guardia toda la noche para que finalmente pudiera descansar hasta el amanecer. Alrededor de las dos de la madrugada escuché a

Christian comenzando a llorar, pero Barry se levantó de inmediato. Me puse las mantas sobre la cabeza y traté de volver a dormir, pero no pude. Sin embargo, todo parecía anormalmente tranquilo en la otra habitación, así que salí de la cama para ver cómo estaban. Era todo un espectáculo a la vista. Barry estaba profundamente dormido en el sofá con Christian en sus brazos. Tras un examen más detenido, observé que Barry sostenía el biberón en el oído de Christian. Valor nutricional mínimo allí. ¡Pero funcionó!

La palabra *control* no es, en sí misma, ni positiva ni negativa. Su peso y significado descansan en lo que se le anexa. En muchas situaciones el control es muy importante. Cuando caminas en una multitud ocupada con un niño, debes tener control de él. Si luchas con la comida, el alcohol o cualquier adicción, el control es tu amigo. Las Escrituras nos animan a tener autocontrol.

> Una persona sin control propio
> es como una ciudad con las murallas destruidas (Proverbios
> 25:28, NTV).

En cambio, el fruto del Espíritu es amor, alegría, paz, paciencia, amabilidad, bondad, fidelidad, humildad y dominio propio (Gálatas 5:22-23).

Hay, sin embargo, muchas situaciones en las que la palabra *control* tiene un peso negativo. Cuando llamamos a alguien «*controlador*» claramente no es un cumplido. Los cónyuges a menudo se quejan de que el otro —o la otra— es controlador. En el lugar de trabajo nadie quiere un jefe controlador ni un compañero de trabajo. La gente a veces deja su iglesia porque el liderazgo es demasiado controlador.

En base a mi propia vida, sé que experimentar un suceso negativo en la infancia puede aumentar la necesidad de control en el futuro. Si has sufrido abuso sexual, físico, verbal, espiritual o emocional en tu niñez, la sensación de no tener mucho control es aplastante. Con el tiempo, muchas mujeres y hombres luchan con trastornos de la alimentación con el fin de tratar con el abuso de la niñez, como si dijeran: «Esta es un área que puedo controlar». En esas situaciones, si profundizas un poco más, ves que tras esa necesidad de controlar yace uno de los más grandes enemigos de nuestras almas: la vergüenza. La vida da miedo al que vive con vergüenza, y lo que se siente como el antídoto, el *control*, es en realidad su propia prisión. Lo sé porque viví así por muchos años. No tenía control sobre la ira ni sobre el suicidio de mi padre. La confusión, el miedo, el dolor y la vergüenza que eso me producía me llevaron a una necesidad desesperada por controlar algo. No fue con la comida ni con el alcohol, lo mío era más oscuro y más retorcido. Intenté controlar el amor de Dios. Durante años viví con la carga de tratar de ser lo suficientemente buena para Dios, pero como me veía bien por fuera, nunca fui desafiada por nadie. Si apareces borracha en tu estudio bíblico, la gente se dará cuenta. Si tu peso se ha disparado, se nota en el mundo real. Pero si tú eres la que se ofrece como voluntaria para todo en tu iglesia, la que diriges el estudio bíblico, la que habla, la que se sienta en el estudio de la televisión nacional todos los días y habla sobre el amor de Dios, solo Él sabe si le estás sirviendo con dolor o pasión, con un llamamiento genuino o una herida devastadora.

Creía que *no estaba bien no estar bien*, por eso me esforzaba inexorablemente para arreglarme. ¿Sabía que era adicta a esa búsqueda? No. Pensaba que estaba llevando una vida que era agradable a Dios porque trabajaba muy duro para que valiera la pena que me amara. Eso funcionó hasta que ya no lo logró más. Creo que la misericordia de Dios nos permite —en algún momento de la vida— golpear la pared y, cuando todo lo demás se derrumba, su misericordia nos retiene. A veces llegamos a ese punto cuando la botella de alcohol ya está vacía o estamos en los brazos de la persona equivocada. A veces lo alcanzamos cuando nos damos cuenta de que nos resentimos con las personas que no notan cuánto estamos haciendo por ellos y por Dios. Yo llegué a ese punto en el suelo de la habitación que me asignaron en un hospital psiquiátrico. Cualquiera sea la forma en que lleguemos ahí, es devastador. Todo lo que has sentido hasta ese momento en la vida, ahora se expone como una farsa. Para mí, ese agonizante y solitario lugar donde, como Elías, le pedí a Dios que tomara mi vida, se convirtió en el sitio donde escuché esa pequeña voz, ese susurro que me decía: *Te amo. Siempre te tendré. Siempre lo haré. Descansa un rato. Déjalo ir.*

El verdadero evangelio de Jesucristo, no adulterado, es que Dios nos ama tanto que envió a su Hijo a tomar nuestro lugar en la cruz. Cuando Cristo clamó: «Todo ha terminado», lo que en realidad decía era: «La cuenta está pagada en su totalidad». Él tomó la vergüenza, el castigo, en sí mismo; de modo que cuando entablamos relación con Él, cuando confiamos en que terminó todo en la cruz, somos perdonados, amados y libres. No hay nada que tú ni yo podamos agregar a lo que Jesús ya hizo.

Me encanta la canción «Dios tiene el control». Fue un éxito de radio inmediato porque la letra era muy alentadora. Proclamaba la verdad de que Dios tiene el control, no importa lo que parezcan las cosas; la letra declara nuestra respuesta de que no seríamos conmovidos.

Esas son letras poderosas, pero ¿qué haces cuando las circunstancias de tu vida no coinciden con las letras? ¿A dónde vas cuando la vida se siente sin control y Dios parece estar ajeno a tu dolor? ¿Qué haces cuando, por lo que puedes ver, has sido abandonada? ¿A quién recurres cuando te sacuden toda? ¿Qué haces cuando estás absolutamente convencida de que escuchaste el plan de Dios para tu vida, pero nada está en su lugar?

Estas son algunas de las preguntas fundamentales que podemos hacernos. Son preguntas importantes; y Dios nunca rehúye las cosas que son importantes para nuestras almas. Si, ahora mismo, te encuentras en un punto en que sientes que tu vida está sin control y nada parece estar bien, mi corazón se inclina hacia ti, pero más que eso, la Palabra de Dios te habla directamente en ese punto solitario y confuso.

Dios tiene el control

Para mí, la verdad más grande que me ayuda a dejar de lado lo que no puedo controlar es la creencia fundamental de que no importa cómo parezcan las cosas, con todo y eso Dios está en el trono. No creo que haya ningún otro relato en la Biblia que muestre eso mejor que la historia de José, en el libro de Génesis. Y digo *cómo se ve* porque a menudo la idea que tenemos acerca del control que Dios tiene es radicalmente diferente a esa historia. Queremos creer que si Dios controla todo, las cosas estarán en su lugar. Si eso no sucede, queremos entender por qué, y queremos saberlo de manera oportuna. Esa no es la historia de José. En Hechos 7 leemos la desgarradora historia de la lapidación de Esteban. Un joven lleno del Espíritu Santo y ardiente seguidor de Cristo. Algunos de los líderes religiosos judíos querían deshacerse de él, por lo que persuadieron a varios hombres para que mintieran sobre él, diciendo que había blasfemado el nombre de Dios. Esteban fue llevado al tribunal donde el Sumo Sacerdote le preguntó si esas acusaciones eran ciertas. En vez de intentar defenderse de aquellas mentiras, Esteban hizo un relato conmovedor de la historia del pueblo judío y la fe de Dios de generación en generación. Cuando llegó a la historia de José, dijo lo siguiente:

> Así, cuando Abraham tuvo a su hijo Isaac, lo circuncidó a los ocho días de nacido, e Isaac a Jacob, y Jacob a los doce patriarcas. Por envidia los patriarcas vendieron a José como esclavo, quien fue llevado a Egipto; pero Dios estaba con él y lo libró de todas sus desgracias. Le dio sabiduría para ganarse el favor del faraón, rey de Egipto, que lo nombró gobernador del país y del palacio real (vv. 8b-10).

«Pero Dios estaba con él y lo libró de todas sus desgracias».

Doce palabras, una cápsula de la verdad. Pero cuando volvemos a la historia de José, vemos que esas doce palabras tardaron trece años en desarrollarse. Trece años es mucho tiempo para creer que Dios está contigo cuando todas las circunstancias de tu vida dicen lo contrario. La historia de José comienza en Génesis 37 y nos lleva directamente al cierre de ese libro. Las últimas palabras registradas en Génesis son estas:

> Tiempo después, José les dijo a sus hermanos: «Yo estoy a punto de morir, pero sin duda Dios vendrá a ayudarlos, y los llevará de este país a la tierra que prometió a Abraham, Isaac y Jacob». Entonces José hizo que sus hijos le prestaran juramento. Les dijo: «Sin duda Dios vendrá a ayudarlos. Cuando esto ocurra, ustedes deberán llevarse de aquí mis huesos». José murió en Egipto a los ciento diez años de edad. Una vez que lo embalsamaron, lo pusieron en un ataúd (50:24-26).

Así como José no se imaginaba que la promesa que Dios le había hecho —cuando le habló en un sueño— tardaría años en cumplirse, sus hermanos tampoco se imaginaron que Dios llevaría a los israelitas a la Tierra Prometida, pero ellos no vivirían para ver eso. Pasaría mucho tiempo y el pueblo sería dirigido por un hombre llamado Moisés.

Dios lo quiso para bien

Se nos presenta a José cuando era adolescente, en Génesis 37:

> Israel amaba a José más que a sus otros hijos, porque lo había tenido en su vejez. Por eso mandó que le confeccionaran una túnica muy elegante. Viendo sus hermanos que su padre amaba más a José que a ellos, comenzaron a odiarlo y ni siquiera lo saludaban (vv. 3-4).

Los celos son un cáncer en las relaciones familiares, particularmente en las familias mixtas. En aquellos días, y ahora si miras la cadena televisiva TLC, los hombres tenían más de una esposa. Jacob tuvo cuatro, por lo que sus hijos tenían madres diferentes. Eso ya es bastante difícil, pero agrégale a eso que José era el menor de la familia y que su madre era la esposa favorita de Jacob, Raquel. Una tormenta perfecta en el horizonte.

En la escuela dominical, me enseñaron que a José le dieron un abrigo de muchos colores, pero en realidad era un abrigo ricamente adornado. Fue una tontería de Jacob mostrar tal favoritismo por un hijo, porque no los volvió contra su padre, sino contra su hermano. Cuando los padres favorecen claramente a alguno de sus hijos, eso causa mucho dolor y resentimiento. Cuando hay un segundo matrimonio y los hijos están involucrados, se necesita sabiduría para saber cómo navegar en esas aguas potencialmente conflictivas. Cuando nuestro hijo estaba en la escuela primaria, el director envió una nota a casa de cada niño diciendo que se había contratado un consejero escolar para ayudar especialmente a los chicos a superar el dolor del divorcio, ya que muchos de ellos mostraban actitudes impropias en la escuela. Tengo amigos con familias mixtas, y he visto que se desempeñan maravillosamente, pero les tomó tiempo, paciencia, sabiduría y más que unas pocas lágrimas.

Bueno, José no solo recibió el abrigo, sino que lo usaba frente a sus hermanos, a pesar de que eso claramente los irritaba. Solo era un niño. A los diecisiete años haces lo que te parece que es bueno. La ciencia médica nos dice que el lóbulo frontal, la parte racional del cerebro, no está completamente desarrollado hasta los veinticinco.[1]

Habría querido que Jacob, Raquel o alguna de sus otras esposas hubieran podido cortar de raíz la grandilocuencia de José. Si los otros hijos no tenían algo bueno que decir sobre él, debe haber sido claro para todos, pero lo pasaron por alto. Aquí hay sabiduría para nosotras. No ignores el origen de un problema, ya que si lo haces crecerá. Con José, creció exponencialmente. Dios tenía un plan asombroso para el futuro de José, pero a diferencia de María, la madre de Cristo que «guardaba todas estas cosas en su corazón» (Lucas 2:19), José no resistió quedarse callado.

Cierto día José tuvo un sueño y, cuando se lo contó a sus hermanos, estos le tuvieron más odio todavía, pues les dijo: «Préstenme atención, que les voy a contar lo que he soñado. Resulta que estábamos todos nosotros en el campo atando gavillas. De pronto, mi gavilla se levantó y quedó erguida, mientras que las de ustedes se juntaron alrededor de la mía y le hicieron reverencias». Sus hermanos replicaron: «¿De veras crees que vas a reinar sobre nosotros, y que nos vas a someter?». Y lo odiaron aún más por los sueños que él les contaba (Génesis 37:5-8).

Al comienzo del capítulo, José está con sus hermanos en el campo cuidando los rebaños de su padre, pero solo unos pocos versículos más adelante, ya no está ahí. Tal vez, como deja claro el versículo 2, sea porque disfrutaba hablar con ellos. El texto no nos dice por qué algún tiempo después, Jacob envió a José a ver a sus hermanos. Quizás se había arrepentido de la ruptura de su relación, y sabía que había contribuido a ello.

Aunque no sabemos la razón, esa decisión resultaría desastrosa para Jacob y lo prepararía para años de angustia. Cuando los hermanos vieron que José se les acercaba, decidieron deshacerse de él de una vez por todas: lo matarían. Rubén, el hermano mayor, intervino y sugirió que lo echaran en un pozo y lo dejaran morir. Los otros hermanos estuvieron de acuerdo con eso. De modo que, cuando José llegó hasta ellos, le arrancaron su elegante abrigo y lo arrojaron al interior de un pozo. Rubén tenía la intención de volver más tarde y rescatar a José, pero sería demasiado tarde. Los otros hermanos vieron una caravana de camellos que se dirigía a Egipto, y vendieron a su hermanito como esclavo.

Rubén quedó devastado cuando se dio cuenta de que José ya no estaba ahí. El arrepentimiento es una emoción que castiga. No puedo imaginar lo que sintió. Cómo debe haber agonizado por su decisión de ser parte de un plan tan perverso. Cuando nos permitimos dar un paso en la dirección equivocada, con la intención de dar dos pasos atrás posteriormente, casi nunca tenemos la oportunidad de corregirla. Pasarían muchos años antes de que Rubén se diera cuenta de que, a pesar de que no dio un paso adelante y salvó a su hermano, Dios sí lo hizo.

Pero, ¿qué pasa con José? Intenta ponerte en su lugar. Él estaba consciente de lo que había oído por parte de Dios. Sabía que en algún momento toda su familia se inclinaría y lo reverenciaría. No sabía cuándo, pero sabía que Dios se lo había revelado en un sueño. Ahora yace ensangrentado y magullado en el fondo de un pozo. La pregunta lógica es: «¿Puede alguien más arruinar el plan de Dios con mi vida?»

¿Alguna vez te has preguntado eso? Las circunstancias serán diferentes, ya que pocas de nosotras terminaremos literalmente en el fondo de un pozo, pero el principio es válido.

Estabas comprometida para casarte. Habías esperado por la persona correcta, hasta que al fin Dios la trajo. Luego, en el último momento, un antiguo interés amoroso asoma su cabeza no invitada y el compromiso se rompe. Te preguntas: *¿Cómo pudo pasar esto? Ahora mi vida entera está fuera de control.*

Tú sabías que Dios te estaba preparando para que te encargaras del estudio bíblico en tu iglesia. Esperaste pacientemente, y luego, en el momento crítico en que el antiguo maestro se retiró, el liderazgo de la iglesia eligió a otra persona. ¡Ellos cometieron un error! Escogieron a la persona equivocada.

Has estado casada por años. Tienes hijos a cuya crianza, en una familia saludable, estás dedicada, pero luego tu cónyuge dice que ya no te quiere. Luchas por ello, oras por ello, pero al final, no tienes control y todos se van. ¿Han arruinado el plan de Dios para tu vida? ¿Estás condenada a vivir una segunda mejor vida por la decisión de alguien más?

Has vivido con integridad en el lugar de trabajo o en la iglesia y luego alguien difunde un rumor sobre ti que no es cierto. Estás segura de que nadie lo creerá por lo que eres, por tu carácter, pero lo hacen. Estás indignada y sola. ¿Acaban de arruinar el plan de Dios para tu vida?

A todo ello, le digo un rotundo no. ¿Puede la gente lastimarte? Sí. ¿Puede la gente mentir sobre ti y desgarrar tu corazón? Sí. Hace algunos años, tuve un colega que les dijo a algunas personas con las que estaba trabajando que yo era una mentirosa enfermiza. Les dijo que yo había inventado la historia de la muerte de mi padre para que simpatizaran conmigo. Dijo que toda la historia era una mentira. No podía ni empezar a entender por qué lo haría, pero lo que era mucho más difícil de soportar eran aquellos que, al principio, le creyeron. Recuerdo que estaba tendida boca abajo sobre la alfombra de mi habitación, sollozando hasta que mis ojos estaban tan hinchados que apenas podía ver. Un poco más tarde, esa noche, abrí mi Biblia en uno de mis salmos preferidos y leí estas palabras:

> El que habita al abrigo del Altísimo
>   se acoge a la sombra del Todopoderoso.
> Yo le digo al SEÑOR: «Tú eres mi refugio,
>   mi fortaleza, el Dios en quien confío».
> Solo él puede librarte de las trampas del cazador
>   y de mortíferas plagas,
> pues te cubrirá con sus plumas
>   y bajo sus alas hallarás refugio.
> ¡Su verdad será tu escudo y tu baluarte! (91:1-4).

Hay momentos en la vida en los que no hay nada que puedas hacer para controlar lo que sucede. En esos tiempos, busca tu escondite bajo el refugio de las alas de Dios. Esa noche tuve que dejar de lado lo que no podía controlar y confiar en mi Padre.

Al observar más a fondo la historia de José, veremos varios giros en el camino que él no podría haber visto venir, pero cuando al fin se reunió con sus hermanos y estos se inclinaron ante él pidiendo clemencia, les dijo lo siguiente:

> Es verdad que ustedes pensaron hacerme mal, pero Dios transformó ese mal en bien para lograr lo que hoy estamos viendo: salvar la vida de mucha gente (Génesis 50:20).

Aunque cualquiera intente perjudicarnos, Dios tiene el control. No importa cuál fue el motivo o cómo afecta nuestra vida por un tiempo, Dios está con nosotras y sacará lo mejor de ello. Eso es lo que Pablo le estaba diciendo a la iglesia en Roma cuando les recordó que «Ahora bien, sabemos que Dios dispone todas las cosas para el bien de quienes lo aman, los que han sido llamados de acuerdo con su propósito» (Romanos 8:28). No dijo que todas las cosas eran buenas ni que todas las cosas se sientan bien. Solo les recordó a ellos y a nosotras que Dios había prometido traer el bien, aun en las circunstancias más dolorosas de la vida. Pero eso no ocurre siempre de acuerdo a nuestro calendario. Uno de los textos favoritos de mi madre era este clásico:

> Porque yo sé muy bien los planes que tengo para ustedes —afirma el Señor—, planes de bienestar y no de calamidad, a fin de darles un futuro y una esperanza (Jeremías 29:11).

Es tentador sacar un versículo alentador de las Escrituras e imprimirlo en una camiseta pero, con ello perdemos el contexto y —de hecho— la mayor esperanza. Si ves Jeremías 29:10, lees: «Así dice el Señor: "Cuando a Babilonia se le hayan cumplido los setenta años, yo los visitaré; y haré honor a mi promesa en favor de ustedes, y los haré volver a este lugar"».

Hay *momentos*

en la vida en los

que no hay *nada*

que puedas hacer para

controlar lo que sucede.

En esos tiempos, busca tu

escondite *bajo el refugio*

de las alas de Dios.

Todavía tengo que ver ese verso en una camiseta. Ahora, antes que lances este libro contra la pared porque arruiné tu versículo favorito, siéntate con él por un tiempo. Dios, en su misericordia, estaba preparando a su pueblo para lo que tenía que enfrentar. Él nos dice suavemente: *No te asustes por lo que te haya pasado. No creas que todo está fuera de control. Debes saber que tomará algo de tiempo; de modo que no fijes tus ojos en lo que ves, sino en lo que he prometido.*

Jesús hizo eso mismo. En la última conversación que sostuvo con sus amigos más cercanos, registrada en el Evangelio de Juan, trató de prepararlos para los acontecimientos que estaban a punto de desarrollarse. No podían entenderlo en ese momento, pero podrían reflexionar en el pasado y recordar.

Todo esto les he dicho para que no flaquee su fe (16:1).

La cultura de la percepción

El problema nuestro es que vemos la vida a través de la ventana de nuestra cultura más que por medio de las promesas firmes de la Palabra de Dios. Vivimos en una cultura basada en la percepción. Percibimos a ciertas personas como ganadoras o perdedoras, dependiendo de cómo encajen en su lugar las circunstancias de sus vidas.

Conseguí trabajo y tú no. Yo gano. Tengo el control.
Él me eligió a mí, no a ti. Yo gano. Tengo el control.
Él consiguió la promoción y yo no; perdí. No tengo el control.
Su hijo está en el equipo de fútbol y el mío no; perdí. No tengo el control.

Cuando vemos nuestra fe a través de esa ventana, la corrompemos. Lo que ocurre es que o hemos reducido a Dios a un tío rico y vacilante que un día te da algo y al siguiente te lo quita, o a alguien que no se preocupa por nosotras, que permite que nuestras vidas se vean sin un plan determinado. Lo cierto es que si ganamos o perdemos, no tenemos el control. Nunca lo hemos tenido. Dios lo tiene y está interesado en nosotras. Cuando creemos eso, solo entonces podemos dejar de lado lo que no entendemos y confiar en Él.

Sin embargo, volvamos a la historia de José. Hay muchas cosas que podríamos sacar de ella, pero quiero que nos enfoquemos en lo que parecen ser los peores momentos de su existencia. ¿Recuerdas cuando fue vendido a una caravana de comerciantes ambulantes en camellos? Desde nuestro punto de vista, en ese momento él fue objeto de dos experiencias que parecían estar fuera de su control: primero es arrojado a un pozo por sus hermanos y, luego, es vendido como esclavo. Pero entonces leemos lo siguiente:

> Cuando José fue llevado a Egipto, los ismaelitas que lo habían trasladado allá lo vendieron a Potifar, un egipcio que era funcionario del faraón y capitán de su guardia. Ahora bien, el SEÑOR estaba con José y las cosas le salían muy bien. Mientras José vivía en la casa de su patrón egipcio (Génesis 39:1-2).

El Señor estaba con José. Debemos detenernos ahí. Esa es una verdad profunda, esclarecedora. Es tentador pensar: *Si el Señor estaba con José, ¿por qué terminó herido y maltratado en un país extranjero? ¿Por qué no lo protegió?* Cuando consideramos nuestras propias vidas, pensamos: *Si Dios está conmigo, no me sucederán cosas terribles.*

¿Puedes identificar momentos como esos? Cuando las cosas te salen mal, ¿qué pasa por tu mente? ¿Sientes como si Dios tiene el control o que te quitó los ojos de encima por un momento y cuando volvió a ver se sorprendió ante el caos? Hasta que entendamos y aceptemos que Dios, y nadie más, tiene el control, nuestra fe permanecerá inestable. Cuando comenzamos, por fe, a captar esta verdad tan profunda como la médula de nuestros huesos, la percepción cambia. Ya no tenemos que tener miedo. El escritor de himnos Edward Mote lo dijo muy bien:

> Mi esperanza se basa en nada menos
> Que en la sangre y la justicia de Jesús.
> No me atrevo a confiar en nada más dulce,
> Si no me apoyo completamente en el nombre de Jesús.

Sobre Cristo, la roca sólida, estoy firme;
Toda otra tierra es arena movediza.

José no tenía control en cuanto a su nueva situación, pero servía a su amo con todo lo que tenía. Eso me desafía. Hay momentos en la vida en los que se espera que hagamos cosas que «no son nuestro trabajo». La forma en que respondemos en esos momentos dice mucho sobre nosotras. ¿Serviremos o diremos: «Esto no está bien? ¿Ustedes saben quién soy yo?». Nuestra posición en la vida nunca debe determinar la postura al servir. Cuando José comenzó a instalarse en Egipto, Potifar, su amo, reconoció la mano del Señor sobre este joven esclavo y lo animó a dirigir toda su casa. Bien, ahora la historia tiene más sentido, pensamos. Tuvo un pequeño golpe en el camino, bastante devastador en aquel momento, pero ahora el ministerio de José está de nuevo en marcha. Dios ha bendecido su obediencia y sus hermanos se inclinarán en algún momento. ¡Gracias Cristo! Bueno, no brindes todavía, hay más.

José tenía muy buen físico y era muy atractivo. Después de algún tiempo, la esposa de su patrón empezó a echarle el ojo y le propuso: «Acuéstate conmigo» (Génesis 39:6b-7).

José no cedió a la desesperación, pero ¿sería cautivado por la tentación sexual? ¿Cuántas personas en posiciones de influencia han caído con este obstáculo? El sexo es una fuerza poderosa. Es un hermoso regalo dado por Dios cuando se expresa dentro del marco y el compromiso del matrimonio, pero cuando somos tentados a practicarlo fuera de ese vínculo, causa dolor y angustia.

Y no es una tentación solo para quienes ocupan cargos de autoridad, por supuesto. Podríamos leer casos como esos en las noticias, pero la verdad es que es una tentación que nos afecta a todos. He andado con un par de amigas que tuvieron sus amoríos pasajeros, y fue devastador para todos los involucrados. Ellas nunca pensaron que serían capaces de algo así. La verdad es que todos somos capaces de cualquier cosa. Cuando permitimos que la tentación sea más fuerte que las indicaciones del Espíritu Santo, lo impensable puede volverse realidad. Lo que parecía atractivo en un momento para mis amigas estaba lleno de pesar al final. Vivimos en una cultura y un tiempo que ha eliminado las reglas de Dios y ha calificado lo impensable como aceptable. No solo aceptable, normal. Por eso tenemos que enterrar nuestros corazones en la Palabra de Dios, que es, como escribió David, «una lámpara a mis pies; es una luz en mi sendero» (Salmos 119:105). De modo que, ¿cómo respondió José a la tentación sexual?

Pero José no quiso saber nada, sino que le contestó: «Mire, señora: mi patrón ya no tiene que preocuparse de nada en la casa, porque todo me lo ha confiado a mí. En esta casa no hay nadie más importante que yo. Mi patrón no me ha negado nada, excepto meterme con usted, que es su esposa. ¿Cómo podría yo cometer tal maldad y pecar así contra Dios?» (Génesis 39:8-9).

Sería difícil imaginar una respuesta más honorable. José se negó a quebrantar la confianza con su amo, pero más que eso, reconoció que aquel contra quien finalmente pecaría era Dios. Aunque él estaba decidido a hacer lo correcto, la esposa de Potifar no se rendiría. Un día, cuando no había nadie más alrededor, haló a José por la capa y trató de llevarlo a su habitación. Él se liberó de ella, pero ella se aferró a su ropa mientras salía corriendo de la casa. Cuando su esposo llegó, ella acusó a José de intentar violarla. Potifar estaba furioso porque el sirviente al que le había dado tanta autoridad lo había traicionado, por lo que José fue encarcelado. Muy injusto. José había hecho todo bien. Incluso le había contado parte de su testimonio a ella —No puedo pecar contra mi Dios—, y sin embargo, terminó en la cárcel. En esa situación sería tentador creer que Dios no tiene ningún control: *Si Dios tuviera el control, ¿cómo podría terminar en la cárcel por hacer lo correcto?* Una vez más leemos esto:

El Señor estaba con él y no dejó de mostrarle su amor (v. 21).

José no tenía poder, ni abogado, ni control. No había otra cosa que pudiera hacer que seguir siendo el hombre en el que se estaba convirtiendo. Dejó lo que no podía controlar y una vez más se lanzó al servicio. Aquel adolescente arrogante se estaba convirtiendo en un hombre de verdadera integridad y carácter. El jefe de la prisión estaba tan impresionado con José que lo encargó de todos los demás prisioneros. Una de las mejores lecciones de la vida de José es que Dios está mucho más interesado en lo que nos estamos convirtiendo que en lo que estamos haciendo. Cuando las cosas le salieron mal, eso no lo alejó de Dios. Se mantuvo fiel. Es fácil amargarse o desanimarse cuando las cosas no salen como esperamos, sobre todo si honramos a Dios. De modo que José continuó sirviendo.

No sabemos cuánto tiempo pasó José en la cárcel. Tenía diecisiete años cuando lo llevaron a Egipto y treinta cuando Faraón lo sacó de ahí y lo convirtió en el segundo al mando. Los sueños que había tenido cuando era niño estaban a punto de concretarse en el tiempo de Dios. José tenía el don de interpretar sueños. En algún momento en que cumplía su sentencia, el jefe de los coperos y el de los panaderos de Faraón lo ofendieron y fueron a parar a la cárcel con José. Una mañana José se dio cuenta de que ambos parecían profundamente preocupados, por lo que les preguntó qué andaba mal. Le dijeron que la noche anterior habían tenido unos sueños que los habían molestado. No tenían idea de lo que significaban aquellos sueños. José les aseguró que las interpretaciones pertenecen a Dios y los invitó a que le contaran sus sueños, lo que hicieron. Para uno, fueron buenas noticias. Estaba a punto de ser restaurado. Para el otro, el resultado no era muy bueno. Estaba a punto de ser ejecutado. Entonces José hizo algo que vale la pena mencionar. Le pidió al hombre que estaba a punto de ser restaurado que hiciera algo por él.

Yo le ruego que no se olvide de mí. Por favor, cuando todo se haya arreglado, háblele usted de mí al faraón para que me saque de esta cárcel (40:14).

Todo lo que José les dijo a los dos hombres se hizo realidad. Uno de ellos fue ejecutado y el otro restaurado, pero este olvidó su promesa a José. El joven pasaría los próximos dos largos años en prisión. Me pregunto si José se cansó de esperar a que Dios lo librara. Había sido un camino largo, difícil, y él se mantuvo fiel, pero nada sucedía. Dios no lo había liberado. En su aspecto humano, trató de ejercer un poco de control y se dirigió al copero en busca de ayuda. Si Dios lo había olvidado, seguramente el copero no. Es fácil entender eso. Cuando algo se prolonga por mucho tiempo, solo queremos que se acabe, así que intentamos arreglarlo nosotras mismas. Eso no le funcionó a José como tampoco funcionó conmigo. En mi espíritu escuché que Dios me decía: *Puedes correr y tratar de apagar cada pequeño fuego, o puedes descansar en mí y cuando sea el momento apropiado, te libraré.*

Dos años después, Faraón tuvo un sueño que nadie pudo interpretar. Entonces el copero recordó su promesa y le habló a Faraón acerca de José. El resto, como ellos dicen, es historia. José interpretó el sueño y luego estableció un plan para preparar a la nación de Egipto en vista de una próxima hambruna, puesto que Faraón lo convirtió en su primer ministro. Cuando la hambruna golpeó, la nación se salvó. Pero el hambre se extendió fuera de Egipto, llegó hasta Canaán, donde vivían los hermanos de José y su padre, Jacob. Hay mucho drama en los capítulos restantes cuando los hermanos descubren que no solo José está vivo, sino que está a cargo de la administración de Egipto. Se celebra entonces una hermosa reunión entre José y su padre, a medida que la historia llega a su fin. Para nosotras, el regalo que José les dio a sus hermanos es un obsequio que debemos atesorar en nuestros corazones: *Ustedes intentaron hacerme daño, pero Dios lo cambió todo para bien.*

José no trató de encubrir la motivación de sus hermanos; ellos la sabían con claridad. Inicialmente lo dieron por muerto y luego lo vendieron como esclavo... *pero Dios.* Esas dos palabras lo cambian todo.

Es probable que hayas sido traicionada... pero Dios.
Puede que hayas sido abandonada... pero Dios.
Puedes pensar que en este momento, todo está fuera de control... pero Dios.

¿Puedes llevar a Dios lo que sientes que tienes fuera de control y decir por fe: «No entiendo, pero confío en ti. Opto por dejarlo en tus manos»?

El primer versículo que aprendí cuando era niña fue el Salmo 46:10: «Quédense quietos, reconozcan que yo soy Dios».

La raíz hebrea de la palabra *quietos* tiene que ver con «dejar». Cuando dejamos lo que nos molesta, reconocemos que Él es el que puede arreglarlo: «Tú eres Dios».

Un paso a la vez

No te asustes, Dios tiene el control

1. Anota las áreas de tu vida en las que luchas por controlar. Puede ser tu matrimonio, tus hijos, tu trabajo, tu mente, tus gastos o tu alimentación. Sea lo que sea, anótalo en un papel y enfréntalo. Ofrece cada área a Dios y pídele que te ayude a dejarla.

2. Hay muchos nombres para Dios en las Escrituras. A continuación veamos algunos. Medita en eso. Selecciona el nombre que más le hable a tus miedos.

> Elohim. . . El fuerte Dios creador.
> Adonai. . . Señor de todo.
> El Roi. . . El Dios que me ve.
> El Shaddai. . . Dios omnipotente.
> Jehová-Shalom. . . El Dios de la paz.
> Jehovah-Rapha. . . El Dios que sana.
> Jehová Raah. . . El Señor es mi pastor.

> Toma uno cada día y decláralo sobre tu vida.

Seis

Supera la decepción

También nos alegramos al enfrentar pruebas y dificultades porque sabemos que nos ayudan a desarrollar resistencia. Y la resistencia desarrolla firmeza de carácter, y el carácter fortalece nuestra esperanza segura de salvación. Y esa esperanza no acabará en desilusión. Pues sabemos con cuánta ternura nos ama Dios, porque nos ha dado el Espíritu Santo para llenar nuestro corazón con su amor.

—Romanos 5:3-5, NTV

Si los sueños mueren, la vida es un pájaro de alas rotas que no puede volar.

—Langston Hughes

Cuando pienso en todas las emociones que conforman lo que somos, la decepción es una de las más difíciles de manejar. Tantas cosas encajan en esa palabra, pero no pesan lo mismo. Me decepcionó que los Dallas Cowboys no hayan tenido una mejor temporada el año pasado, pero eso no dejó una marca en mi corazón. (Siempre tenemos el año que viene.) Sin embargo, algunas situaciones nos devastan y nos dejan sin aliento. Eso me pasó a mí y me cambió para siempre. Tres meses después de mi embarazo de Christian, la doctora me dijo que algo andaba mal con él. La frase que ella usó fue «condiciones limitantes de vida». Como iba a tener cuarenta años cuando él naciera, ella había recomendado otras pruebas aparte de las normales. Una vez que tuvo todos los resultados en su escritorio, nos llamó y nos dio un diagnóstico impensable. Nos recomendó que termináramos el embarazo de inmediato. Le dije que no. No. No. Entonces ella dijo: «Veremos cuánto tiempo puedes llevarlo».

Las siguientes semanas y meses fueron un sube y baja de emociones, pero las más notables fueron la angustia y la profunda decepción. Además, estaba confundida. ¿Por qué me permitió Dios que quedara embarazada para que este pequeño muriera en la sala de parto? Cuando descubrí que iba a tener un bebé, subrayé este versículo en mi Biblia: «Los que buscan a Jehová no tendrán falta de ningún bien» (Salmos 34:10, RVR1960).

Ahora, este «bien» me iba a ser quitado. ¿Por qué? Recuerdo que manejaba hacia la playa donde vivíamos en el sur de California y hablaba con mi bebé. Le decía: «No sé si escuchaste todo eso, pero solo quiero que sepas que voy a luchar por ti. Voy a luchar por cada hálito que Dios te haya ordenado».

Lloré, oré y negocié con Dios. El hecho de enfrentar la decepción de perder a mi único hijo, pudo haber estremecido mi fe hasta la médula. Es muy fácil citar versículos cuando el sol brilla, pero cuando el día se oscurece como la noche, me aturde el silencio. Tuve que luchar con el mismo versículo que había decidido subrayar... *los que buscan al Señor nada les falta*. Pensé en algunos amigos que perdieron sus hijos, cuyos matrimonios se habían derrumbado, cuya salud física había sido diezmada. Este versículo tenía que significar más de lo que quería que significara. ¿Qué sigue en pie cuando todo lo demás se ha ido? Encontré la respuesta en mis rodillas y en mis lágrimas.

Cristo mi Salvador. Dios mi Padre. El Espíritu Santo, mi Consolador. El «bien» que quería, podría no obtenerlo. El «bien» que quedó fue mayor.

Un par de semanas antes que naciera Christian, la doctora me llamó para decirme que el mismo día en que volvieron los resultados de la prueba, también llegaron los de otra paciente de cuarenta años.

Mis resultados se pusieron, por accidente, en su gráfico y los de ella en el mío. Nunca hubo nada malo con Christian. Antes que pudiera comenzar a celebrar, de repente me percaté de que otra mujer estaba recibiendo una llamada muy diferente. Caí de rodillas y oré por ella. ¿Quién era ella? ¿Conocía a Cristo? ¿Cómo soportaría esa noticia? Mi doctora no pudo decirme su nombre, pero el cielo la conocía; por lo que oraba por ella todos los días. Perder a Christian no iba a ser parte de mi historia pero, dondequiera que voy, conozco personas que se han enfrentado a una pérdida tan tremenda. Es tentador recitarles versículos rápidos y fáciles a los que padecen dolor, pero el hecho de no perder a mi hijo me cambió. Las lágrimas que lloré lavaron más que mi cara, lavaron mi alma.

Cuando empezamos a descender, miré por la ventanilla del avión con la esperanza de ver por primera vez Winnipeg, Canadá. Según el anuncio del piloto, estábamos casi en tierra, lo cual era difícil de creer. Todo lo que pude ver fue una gruesa capa de nubes blancas. Sin embargo, mientras miraba con más atención, me di cuenta de que no estaba viendo las nubes; aquello era nieve. Todo estaba cubierto por una espesa capa de nieve, como si Winnipeg hubiera estado escondida en ella. Me habían invitado a hablar en una conferencia de mujeres ese fin de semana y la anfitriona me había dicho que haría frío. Cuando salimos del avión y la primera ráfaga de aire helado me golpeó la cara, me quedó muy claro que la palabra *frío* es un término relativo. Por ejemplo, puedes usarla para decir: «¿Te gustaría una bebida fría?», o para decir: «¿Quieres que tu cara se te desprenda por el frío en los próximos cinco minutos?»

Miré la aplicación del tiempo en mi teléfono y vi que estaba a veinte grados bajo cero. Ahora, eso es frío. Cuando pasé por la aduana, le comenté al funcionario sobre la temperatura mientras miraba mi pasaporte (lo que no es una idea inteligente, por cierto), y me aconsejó, con cierta severidad, que lo agradeciera porque podía llegar a cuarenta grados más abajo. Le aseguré que estaba agradecida, muy, pero muy agradecida.

Una de las damas del comité organizador de la conferencia nos recogió a Barry y a mí; luego nos llevó al hotel. Le pregunté si era difícil conducir bajo ese clima ya que las carreteras estaban cubiertas con una gruesa capa de hielo. Me aseguró que no era así cuando, precisamente, nos deslizamos y pasamos con la luz roja. Era claro que su mentalidad era tipo vaso medio lleno. ¡Congeniamos de inmediato! Nos registramos en el hotel y cuando intenté abrir las cortinas para disfrutar el paisaje, las cortinas que cubrían la ventana estaban literalmente congeladas. Es probable que algo de esto pueda sonar como una exageración; te aseguro que no lo es. Hay frío aparte del frío invierno del norte.

Me levanté a las seis de la mañana del día siguiente para prepararme. Conecté mi plancha para el pelo e intenté arreglarme el cabello. No me gusta demasiado rizado, solo una onda atractiva y suave, pero se negó rotundamente a moverse. Mi cabello había perdido la voluntad de vivir. Me puse unos pantalones de cuero y una larga camisa de seda blanca. Esta se me adhirió inmediatamente a la piel, como si tuviera un ataque de pánico. Me la quité y, solo por curiosidad, la lancé contra la pared. Se pegó a ella. Nunca antes había visto ese grado de estática. Cuatro horas al norte en un avión y había aterrizado en otro planeta. Rocié la camisa con agua y me la puse de nuevo. Me puse una chaqueta, luego un abrigo, una bufanda, unos guantes y salí a aquella sombría mañana de invierno.

Mientras conducíamos al teatro miré el itinerario del día. Estaba repleto de actividades. Aparentemente habían agregado algunas cosas en el programa. Las mujeres manejaban desde todas partes de Canadá, por lo que querían aprovechar al máximo. Estuve hablando cuatro veces, más una sesión de preguntas y respuestas, un llamado al altar y, finalmente, dirigiéndolas en un servicio de Santa Cena.

Fue mi primera vez en Winnipeg, pero espero que no sea la última. Me encantaron las mujeres que asistieron. Eran cálidas (¡relativamente hablando!) Y estaban ansiosas por apoyarse y aprender, con sus Biblias, cuadernos y bolígrafos listos. El teatro estaba repleto, lo que parecía ser la manera perfecta de mantener el calor corporal, un compañerismo cercano del tipo supervivencia. Hablé dos veces en la sesión de la mañana, y luego nos fuimos a almorzar. Nunca antes había comido un sándwich con lechuga congelada (le da un nuevo significado al término *iceberg* [tipo de lechuga]), así que decidí dejarlo descongelar un poco y conocer a algunas de las mujeres una por una.

Siempre me sorprende la fuerza de quienes marchan por tiempos devastadores pero siguen confiando en Dios, aun cuando su vida no tenga sentido. Una mujer sacó su teléfono celular para mostrarme una foto de su hijo. Protegeré algunos de los detalles para honrar su privacidad, pero incluso mientras la miraba a los ojos para comentar sobre lo guapo que era, vi un océano de tristeza. Se había enfrentado a lo impensable en la vida de cualquier madre: tener que enterrar a su hijo.

Solo pensar eso me dejó sin aliento. No tenía palabras. Todo lo que pude hacer fue abrazarla y llorar con ella. Había venido sola a la conferencia, que se titulaba: «Encuentra la fuerza para esta hermosa y quebrantada vida en medio del desastre». Me imagino que la única palabra que tenía sentido para ella era *quebrantada*. Porque su vida no era hermosa. Y ni siquiera quería fuerza. Ella estaba desgarrada. Esa nunca fue la vida que se imaginó. Yo temía decirle una palabra. ¿Qué podría decir que llegara a la profundidad de su dolor? En lo que me pareció un momento sagrado, me abrazó y con lágrimas amargas me dijo: «Gracias». No tengo idea de lo que Dios le dio ese día. Había leído ese pasaje de Hebreos: «Por tanto, también nosotros, que estamos rodeados de una multitud tan grande de testigos, despojémonos del lastre que nos estorba, en especial del pecado que nos asedia, y corramos con perseverancia la carrera que tenemos por delante. Fijemos la mirada en Jesús, el iniciador y perfeccionador de nuestra fe, quien, por el gozo que le esperaba, soportó la cruz, menospreciando la vergüenza que ella significaba, y ahora está sentado a la derecha del trono de Dios» (12:1-2).

En mi humanidad me pregunté cómo cualquiera de esas palabras podría llegarle a través del laberinto de su dolor. Me recordaron una vez más que la Palabra de Dios es una carta de amor viviente, no simplemente palabras escritas en una página: está viva. El Espíritu Santo tomó la verdad y derramó ungüento sobre un corazón quebrantado. Eso es un misterio para mí.

Cada vez que voy a predicar, me arrodillo y le pido a Dios que haga lo que solo Él puede hacer. Cuando miro por primera vez un escenario con rostros sonrientes, no tengo idea de lo que está sucediendo en lo más profundo, pero Él hace cosas y, por el poder del Espíritu Santo, ocurren milagros. En esos momentos profundos siempre recuerdo la historia en la que Cristo alimentó a cinco mil personas en una colina. El relato aparece en los cuatro evangelios, pero Marcos da un detalle que los demás no observan. Al comprender ese simple detalle, la pregunta que Cristo hace a sus amigos, cambié toda mi perspectiva sobre el ministerio.

Cuando Jesús desembarcó y vio tanta gente, tuvo compasión de ellos, porque eran como ovejas sin pastor. Así que comenzó a enseñarles muchas cosas.

Cuando ya se hizo tarde, se le acercaron sus discípulos y le dijeron:

—Este es un lugar apartado y ya es muy tarde. Despide a la gente, para que vayan a los campos y pueblos cercanos y se compren algo de comer.

—Denles ustedes mismos de comer —contestó Jesús.

—¡Eso costaría casi un año de trabajo! —objetaron—. ¿Quieres que vayamos y gastemos todo ese dinero en pan para darles de comer?

—¿Cuántos panes tienen ustedes? —preguntó—. Vayan a ver.

Después de averiguarlo, le dijeron:

—Cinco, y dos pescados (Marcos 6:34-38).

En los tiempos bíblicos, solo los hombres se contaban en la multitud, por lo que si tenía cinco mil hombres, la cantidad total debe ser al menos nueve o diez mil personas, agregando mujeres y niños. Eso es una multitud del tamaño de un estadio. ¿Crees que en una multitud de ese tamaño la única comida que había era el almuerzo de ese pequeño? No lo creo. Si había mujeres en la ladera ese día, había bocadillos. Las mujeres siempre están preparadas con algo en caso de que sus hijos tengan hambre y comiencen a hacer un escándalo. Me imagino que nadie más ofreció su comida, ni siquiera porque pensaron que no sería suficiente o que no querían compartir. El único que dio lo que tenía era el niño de los cinco panes de cebada y dos pececitos. Él dio algo que claramente no era suficiente y luego Jesús hizo lo que solo Él puede hacer.

Jesús tomó los cinco panes y los dos pescados y, mirando al cielo, los bendijo. Luego partió los panes y se los dio a los discípulos para que se los repartieran a la gente. También repartió los dos pescados entre todos. Comieron todos hasta quedar satisfechos, y los discípulos recogieron doce canastas llenas de pedazos de pan y de pescado. Los que comieron fueron cinco mil (vv. 41-44).

Ese día el milagro fue en una ladera, pero el principio también nos es útil a nosotras. Nunca tendremos lo suficiente para cumplir con todas las demandas que se nos hacen, lo cual está bien. Se supone que no tenemos suficiente. Se supone que debemos traer lo que tengamos —de nuestra *insuficiencia*— a Jesús y pedirle que nos supla.

Cuando le damos a Jesús de nuestra *insuficiencia*, Él la bendice y la multiplica con el fin de alimentar a su pueblo. Comprender ese principio ha cambiado algo profundamente dentro de mí. Nunca tendré lo suficiente para satisfacer las necesidades de una multitud completa, ya sea de cincuenta o de diez mil personas. Pero no me piden eso. Jesús simplemente me pregunta: «¿Qué tienes?» Aquella tarde, en Winnipeg, Canadá, me quedó claro que, una vez más, era como ese niño pequeño en la ladera que tuvo que ver un milagro. Ese no era el tipo de milagro que haría una buena película o el tipo que a menudo deseamos. En esas historias, todos se alimentan, todos se curan y todos los matrimonios se restauran. Lo que vi ese día fue la presencia de Cristo apareciendo en medio de una devastadora decepción y ayudando a alguien que apenas podía sostenerse. Justo cuando traje lo poco que tenía a la mesa, lo mismo hizo esa valiente madre. Se levantó esa mañana, se lavó la cara, se vistió y logró unirse a una multitud de hermanas, confiando en que Cristo la encontraría con lo poco que ella podía traer, y Él lo hizo. Su simple acto de levantarse y poner un pie delante del otro era un acto de adoración.

Me encanta este detalle que Juan incluye cuando cuenta la misma historia:

Jesús tomó entonces los panes, dio gracias y distribuyó a los que estaban sentados todo lo que quisieron. Lo mismo hizo con los pescados (Juan 6:11).

Jesús le dio las gracias a su Padre por el hecho de que un niño renunció a lo poco (o *no suficiente*) que tenía. El principio espiritual de traer lo poco que tenemos y confiar en que Cristo nos satisfará allí se aplica en todas las áreas de la vida, no solo en lo que percibimos como situaciones ministeriales. Veo toda la vida como un ministerio, veinticuatro horas al día, siete días a la semana. Se ha convertido en un hábito diario para mí reconocer todas las mañanas que no tengo lo suficiente para los desafíos que ese día requerirá, y le pido a Cristo que me supla. Cuando tú y yo hacemos eso, Cristo da gracias. En nuestra humanidad, estamos inclinando la rodilla ante nuestro Señor y Salvador con el fin de reconocer que Él es Dios y no nosotras. Ofrecer lo poco que tenemos con fe es un regalo para Jesús. Me parece significativo que una vez que la multitud hubiera comido todo lo que quisieron, quedaran doce canastas, una para cada discípulo. Estas no eran las pequeñas y delicadas cestas en las que poníamos los panes de la cena. Eran las grandes cestas en las que los soldados romanos guardaban sus espadas. Es como si Jesús estuviera diciendo a sus amigos más cercanos: «¿Lo entiendes ahora? ¿Lo entiendes? Nunca tendrás suficiente, pero ese no es el punto. En mí hay más que suficiente».

Hay muchas áreas en las que necesitamos la gracia de un milagro cotidiano. ¿Estás luchando como madre? Tal vez tienes tres hijos que necesitan estar en diferentes lugares al mismo tiempo, lo que es abrumador. A veces te sientes frustrada. Ciertos días te sientes fracasada.

¿Luchas en tu trabajo? Tu jefe tiene expectativas excesivamente altas que no puedes cubrir, por lo que constantemente te sientes estresada y ansiosa. Ese tipo de presión paraliza. En vez de animar lo mejor que hay en ti, el mensaje es que no importa lo que hagas, no será suficiente. Es difícil superar eso.

¿Estás luchando con tu salud? Piensas en los días en que la vida era diferente, y crees que podrías hacer mucho más. Ahora sientes que tienes poco que ofrecer.

Se supone que no
tenemos *suficiente*.
Se supone que debemos
traer lo que tengamos
—de nuestra insuficiencia—
a Jesús y *pedirle*
que nos supla.

Sea lo que sea que estés enfrentando en este momento, Cristo te invita a traer lo que eres y lo que tienes —o no tienes— ante Él con sinceridad y humildad, y esperar con Él ahí.

Señor, no tengo suficiente energía, no tengo suficiente tiempo, no tengo suficiente dinero. No tengo suficiente paciencia, no soy suficiente.

Mientras esperamos ante Él, la invitación llega:

Vengan a mí todos ustedes que están cansados y agobiados, y yo les daré descanso. Carguen con mi yugo y aprendan de mí, pues yo soy apacible y humilde de corazón, y encontrarán descanso para su alma. Porque mi yugo es suave y mi carga es liviana (Mateo 11:28-30).

Un yugo es algo que se pone sobre los lomos de dos bueyes. Ambos soportan el peso, juntos. La invitación de Cristo a nosotras es mayor. Él caminará a nuestro lado y llevará el peso.

Solía cuestionar a Dios cuando conocía a alguien que tenía tanto dolor como la madre que había enterrado recientemente a su hijo. ¿Cómo podía Dios permitir que sucedieran esas cosas? Luchaba porque usaba mi entendimiento humano para tratar de entender los planes divinos y los caminos de Dios. Nunca sabré lo suficiente acerca de Él en este lado de la eternidad, para que todo quede muy claro. Así que ya no cuestiono. Al contrario, oro por ellos, a menudo con lágrimas inundando mi cara, y adoro a Dios en ese espacio sagrado de lo que no entiendo. Eso puede parecer una respuesta extraña. Es como la obediencia que demanda una secta pero que está fuera de contacto con la realidad. Lejos de eso. Para mí, no hay mayor realidad que el amor y la fidelidad de Dios. No siempre veo la mano de Dios en una situación desgarradora, pero como escribió el gran predicador Charles Spurgeon: «Cuando no podemos rastrear su mano, debemos confiar en su corazón».[1]

Piénsalo de esta manera: Si tengo una respuesta para todo, no estoy viviendo por fe. Si entiendo todo lo que Dios hace o no hace, entonces todo lo que necesito para amarlo es mi mente. Estamos llamados a amarlo con más que eso. Cuando un experto en leyes religiosas le preguntó a Cristo qué tenía que hacer para heredar la vida eterna, Cristo le preguntó qué entendía de las leyes dadas a Moisés. Su respuesta fue:

«Ama al Señor tu Dios con todo tu corazón, con todo tu ser, con todas tus fuerzas y con toda tu mente», y: «Ama a tu prójimo como a ti mismo» (Lucas 10:27).

Cristo le dijo que había contestado correctamente. Corazón, ser, fuerza y mente. ¿Cómo se ve eso en ti y en mí ahora? Amamos con nuestro corazón, aun cuando esté roto. Amamos con nuestro ser, incluso si nuestra humanidad lucha contra la situación. Amamos con nuestra fuerza, aunque casi haya desaparecido. Amamos con nuestra mente, aun cuando no entendamos.

Si conoces algo de mi historia, sabes que no digo estas cosas a la ligera. Lo digo con fe, creyendo cien por ciento, tan profundo como la médula de mis huesos, que Dios es bueno y que podemos confiar en Él aun cuando no entendamos la posición en la que estemos en la vida. Como le dijo Pablo a la iglesia en Corinto: «Ahora vemos todo de manera imperfecta, como reflejos desconcertantes, pero luego veremos todo con perfecta claridad» (1 Corintios 13:12, NTV).

En la mayoría de mis conferencias, tenemos tiempo para una sesión de preguntas y respuestas. Casi siempre me hacen una o dos lindas:

¿Dónde conociste a tu esposo?
¿De dónde sacaste tus botas?

Otras son más difíciles de leer:

Me enfrento al cáncer por segunda vez. ¿Por qué lo permitiría Dios?
Fui abusada sexualmente cuando era niña, dos veces por diferentes miembros de mi familia. No sé qué hacer con la vergüenza.

Siempre hay un hilo común en las preguntas que recibo: *La vida es decepcionante. Esta no es la vida que imaginé.* Creo que la mayoría podríamos decir eso. Piensa en cuando eras adolescente. ¿Cómo te imaginabas que sería tu vida? Yo pensaba que iba a ser enfermera, hasta que descubrí que eso significaba estar rodeada de sangre. Tal vez pensabas que te casarías y tendrías muchos hijos o te viste a ti misma como una profesional dirigiendo su propio negocio, algún día. Cuando estaba en el seminario, una de las chicas que se convirtió en mi amiga me dijo que en su formulario de solicitud, le preguntaron a qué creía que Dios la estaba llamando, a lo que ella escribió: «A esposa de pastor. Pastor todavía no encontrado».

Algunos cambios inesperados en la vida son bienvenidos, pero nadie imagina las cosas difíciles que esperan a la vuelta de la esquina. ¿Cómo vivimos, entonces, cuando nos encontramos en un punto que está lejos de la vida que imaginamos? Cuando considero a una mujer de las Escrituras que podría afirmar inequívocamente que la vida que llevaba no era la que soñó, pienso en Abigaíl. Encontramos su historia en 1 Samuel 25, entretejida en el momento en que David estaba huyendo del rey Saúl. Me encantan las lecciones de su vida. Llegamos a ver a alguien que vive en una situación difícil, pero cuya sabiduría y fidelidad a Dios la guiaron en medio de su decepción y finalmente la llevaron a un nuevo espacio de gracia. Su nombre significa: «Mi padre es la alegría». Creo que ahí es donde encontró su fuerza, porque su esposo, Nabal, no trajo ninguna alegría a la vida de Abigaíl. Su nombre significa «tonto», lo cual honró por completo.

Fuerte aunque los sueños sean pospuestos

> David bajó al desierto de Maón. Había en Maón un hombre muy rico, dueño de mil cabras y tres mil ovejas, las cuales esquilaba en Carmel, donde tenía su hacienda. Se llamaba Nabal y pertenecía a la familia de Caleb. Su esposa, Abigaíl, era una mujer bella e inteligente; Nabal, por el contrario, era insolente y de mala conducta (1 Samuel 25:1-3).

En aquellos días las mujeres tenían poco que decir en cuanto a con quién se casaban. Nabal, un hombre rico, debe haberle parecido una buena pesca al padre de Abigaíl, pero el dinero nunca es suficiente para garantizar una vida tranquila. Me pregunto cuántos días pasaron antes de que ella se diera cuenta con qué tipo de hombre estaba casada. Me imagino que no fueron demasiados. Se lo describe como «insolente y de mala conducta». Estoy segura de que la trataba de esa manera. No solo eso, Abigaíl tuvo que verlo tratar a todos los que trabajaban para él de esa misma forma. Era un hombre cruel. Es difícil ver la parte más fea de alguien a quien crees que alguna vez amaste. Nabal bebía mucho, a menudo se emborrachaba y, en ese estado, se volvía aún más asqueroso.

Incluso en nuestros días, en los que podemos elegir con quién pasaremos el resto de la vida, nuestro verdadero ser a menudo no emerge hasta que ese anillo de oro está en nuestro dedo. Podemos ocultar nuestro quebrantamiento en el noviazgo, pero cuando golpea la rutina de la vida, puede levantar su fea cabeza. No creo que Barry entendiera lo que significaba vivir con alguien que tiene un diagnóstico de depresión clínica cuando nos casamos. No solo eso, no sabía cómo dejar que alguien entrara en ese lugar que había vigilado con tanto cuidado. Barry también tenía sus problemas, y nos llevó años aprender a confiar mutuamente y a confiar en Dios los dos. A veces buscamos la ayuda de un buen consejero y encontramos un camino para poder conocernos y amarnos mejor.

Ningún matrimonio es fácil. Todos requieren trabajo arduo. Pero cuando solo una de las partes ve un problema o está dispuesta a solucionarlo, es difícil avanzar. Estoy pensando en aquellos que pasan por un matrimonio difícil en este momento. Mi corazón padece por ti. Cuando te paras en el altar, o frente a un juez, el camino por delante parece soleado y despejado. Cuando las nubes tormentosas comienzan a acumularse y el cielo se vuelve tan oscuro como la noche, es difícil recordar a la feliz pareja que hizo sus votos frente a Dios y su familia. La mayoría de las veces, la tormenta pasará. Si ambos aprenden de ella, estarán más preparados para capear la siguiente. Pero a veces la tormenta se parece más a un tornado —que arruina todo en su camino, cambia el panorama de la vida—, por lo que el matrimonio llega a su fin. Si esa es tu historia, lo siento mucho. Si tú fuiste la que quiso o no el divorcio, de todos modos es doloroso separar dos vidas. En esos momentos, debemos aferrarnos a la verdad de que cuando se rompen los corazones, Dios está cerca. Cuando somos aplastadas, Cristo está cerca. No estás sola.

Aunque te rindas contigo misma, Dios no. Lo que quiero que veamos en la historia de Abigaíl, sin embargo, se aplica a todas nosotras:

casadas, solteras o divorciadas. Era una mujer que vivía en una situación desesperadamente decepcionante, pero eso no permitió que afectara lo que ella era. De alguna manera, Abigaíl pudo estar bien en una situación que no estaba bien. Pero hubo un día que le cambió la vida cuando todo llegó a un punto crítico, y ella era la única esperanza entre dos hombres. Uno era un tonto y arrogante; el otro era un hombre poderoso y enojado.

David estaba huyendo del rey Saúl. Este había perdido la capacidad de escuchar la voz de Dios, y sus celos por la popularidad de David lo habían llevado al límite de la cordura. (Lee más de esta historia en 1 Samuel 15 al 19.) Lo único en lo que el rey pensaba era en matar a David, no en servir al pueblo. Entonces David salió huyendo del palacio; y él con seiscientos hombres se refugiaron en el desierto de Maón, cerca de donde vivían Abigaíl y Nabal. Desde que se establecieron allí, todos los rebaños de Nabal se habían mantenido a salvo de los ladrones que le robaban antes. Sus rebaños estaban prosperando y su riqueza aumentaba. Entonces David le envió un mensaje a Nabal.

Estando David en el desierto, se enteró de que Nabal estaba esquilando sus ovejas. Envió entonces diez de sus hombres con este encargo: «Vayan a Carmel para llevarle a Nabal un saludo de mi parte. Díganle: "¡Que tengan salud y paz tú y tu familia, y todo lo que te pertenece! Acabo de escuchar que estás esquilando tus ovejas. Como has de saber, cuando tus pastores estuvieron con nosotros, jamás los molestamos. En todo el tiempo que se quedaron en Carmel, nunca se les quitó nada. Pregúntales a tus criados, y ellos mismos te lo confirmarán. Por tanto, te agradeceré que recibas bien a mis hombres, pues este día hay que celebrarlo. Dales, por favor, a tus siervos y a tu hijo David lo que tengas a la mano"» (1 Samuel 25:4-8).

Buena nota. Respetuosa, pero señalando que como era hora de esquilar las ovejas, Nabal podría notar que tenía más ovejas ese año que el pasado. David no estaba pidiendo mucho, solo que les diera cualquier alimento y otras provisiones que Nabal pudiera tener a mano. Un hombre razonable hubiera estado agradecido a David y sus hombres, pero Nabal no lo estaba.

«¿Y quién es ese tal David? ¿Quién es el hijo de Isaí? Hoy día son muchos los esclavos que se escapan de sus amos. ¿Por qué he de compartir mi pan y mi agua, y la carne que he reservado para mis esquiladores, con gente que ni siquiera sé de dónde viene?» (1 Samuel 25:10-11).

Cuando los hombres regresaron a donde estaba David y le contaron la respuesta de Nabal, se enfureció. Les dijo a cuatrocientos de sus hombres que prepararan sus espadas y dejó atrás a los otros doscientos para proteger sus pertenencias. Su intención era asegurarse de que ningún hombre de la casa de Nabal estuviera vivo en la mañana.

La siguiente parte de la historia es fascinante y nos dice mucho sobre Abigaíl. Uno de los sirvientes que escuchó a Nabal insultar a los hombres de David sabía que tenía que hacer algo, pero no habló con Nabal, sino que se dirigió a Abigaíl. Eso es muy significativo. Claramente los que la rodeaban habían estado observando a Abigaíl. No tendrías que ser científica para saber que su vida fue difícil. Los sirvientes debieron haber oído cómo le hablaba Nabal, cómo la trataba. Más importante aún, vieron cómo se comportaba ella a pesar de la forma en que la trataba. Aun cuando estaba viviendo de una manera que claramente no era la vida que cualquier mujer habría elegido, Abigaíl era amable pero fuerte. La crueldad de su esposo no había afectado su carácter.

He tenido que sentarme a meditar en eso y me pregunto: *¿Cómo me habría sentido yo en esas circunstancias?* No estoy segura de que habría tenido su gracia. Sería difícil no desilusionarse o amargarse con alguien que era malo e insensato día tras día. Ella claramente no era nada de eso. Lo que hizo a continuación, sin embargo, nos muestra el tipo de mujer que era. Abigaíl empacó toda la comida y el vino que pudo, y se dispuso a encontrarse con David. He intentado ponerme en su lugar e imaginar lo que habría dicho. Creo que habría sido algo como lo que sigue: *Lo siento mucho. Por favor, perdónanos. Mi marido es un imbécil.*

No obstante, así no fue como empezó Abigaíl. Su discurso cuidadosamente redactado es uno de los más largos y registrados de cualquier mujer en las Escrituras, y es magistral. Ella comienza de esta manera: «Señor mío, yo tengo la culpa» (1 Samuel 25:24).

¿Qué? Qué manera de empezar. Nada de lo que sucedió fue culpa de Abigaíl, pero ella es una mujer sabia. Sabe que su humildad y su respeto podrían comenzar a disminuir el nivel de rabia en David. Pero antes de que empieces a pensar que es una esposa débil y codependiente que defiende a un marido inútil que claramente ha puesto en peligro las vidas de todos a su alrededor, continúa leyendo:

Se arrojó a sus pies y dijo:

«Señor mío, yo tengo la culpa. Deje que esta sierva suya le hable; le ruego que me escuche. No haga usted caso de ese grosero de Nabal, pues le hace honor a su nombre, que significa "necio". La necedad lo acompaña por todas partes. Yo, por mi parte, no vi a los mensajeros que usted, mi señor, envió.

»Pero ahora el SEÑOR le ha impedido a usted derramar sangre y hacerse justicia con sus propias manos. ¡Tan cierto como que el SEÑOR y usted viven! Por eso, pido que a sus enemigos, y a todos los que quieran hacerle daño, les pase lo mismo que a Nabal. Acepte usted este regalo que su servidora le ha traído, y repártalo entre los criados que lo acompañan. Yo le ruego que perdone el atrevimiento de esta servidora suya. Ciertamente, el SEÑOR le dará a usted una dinastía que se mantendrá firme, y nunca nadie podrá hacerle a usted ningún daño, pues usted pelea las batallas del SEÑOR. Aun si alguien lo persigue con la intención de matarlo, su vida estará protegida por el SEÑOR su Dios, mientras que sus enemigos serán lanzados a la destrucción. Así que, cuando el SEÑOR le haya hecho todo el bien que le ha prometido, y lo haya establecido como jefe de Israel, no tendrá usted que sufrir la pena y el remordimiento de haberse vengado por sí mismo, ni de haber derramado sangre inocente. Acuérdese usted de esta servidora suya cuando el SEÑOR le haya dado prosperidad» (vv. 24-31).

Abigaíl no solo dejó en claro que ella sabía quién era su marido y, lo que era más importante, le dijo a David que sabía quién era él. Ella le recordó que él fue llamado a pelear las batallas del Señor, no a las que provocó un hombre insensato. Un necio puede sacar lo peor de nosotras y hacernos olvidar quiénes somos. A menudo, cuando reaccionamos impulsivamente, lo lamentamos. Abigaíl redirigió los ojos de David a Dios y, por eso, él la bendijo.

¡Y bendita seas tú por tu buen juicio, pues me has impedido derramar sangre y vengarme con mis propias manos! (v. 33).

Quiero ser esa clase de mujer. Una que no reacciona, pero es capaz de responder. Una que recuerde a los que me rodeen de quién y quiénes somos. Es tan fácil ser derrotada por el comportamiento descontrolado de los demás. Podemos aplicar esta lección a muchas situaciones. ¿Trabajas con alguien que hace que pongas los ojos en blanco y oras para que Dios les ayude a seguir adelante? Si lo haces, ¿optarás por permanecer por encima de la insensatez? Otros te están mirando, aprovechándose de ti. Puede ser alguien en tu iglesia o tu estudio bíblico que es molesto y poco amable con todos. La tentación es a reaccionar, formar nuestro propio grupo pequeño y devolver el golpe. Abigaíl nos desafía a reconocer lo que es verdad, a confrontar con la verdad cuando sea necesario, pero también a seguir siendo lo que somos en Cristo e instar a los que nos rodean a hacer lo mismo.

Cuando Abigaíl llegó a casa aquella noche, Nabal estaba borracho. En vez de tratar de razonar con un borracho insensato, esperó hasta la mañana siguiente. Cuando ella le dijo a Nabal lo que había hecho, el corazón le falló. O tuvo un ataque al corazón o un derrame cerebral; por lo que diez días después, murió.

Cuando David escuchó que Nabal había muerto, le pidió a Abigaíl que se casara con él. Toda una historia dramática. Ella había soportado mucho. Puede ser que no estés casada con un Nabal o que estés esperando por un David, pero sé que hay desilusiones en la vida, sueños que quedan en el camino; sin embargo, como nos vuelve a recordar la Escritura al principio de este capítulo, si eliges seguir adelante por fe y resistir en Cristo, esa firmeza produce fuerza de carácter, y el carácter genera una esperanza segura de salvación. Y esa esperanza, esa garantía de que si algunos sueños tienen que quedarse en el camino, es la verdadera esperanza en Cristo, la cual no nos decepcionará.

No todas las decepciones nacen de la tragedia, por supuesto. Muchas son simplemente sueños aplazados o cosas que surgen en una nueva etapa de vida.

Nuevas estaciones, nuevos sueños, nuevas posibilidades

Hace mucho tiempo asistí a una iglesia en la que la esposa del pastor y yo nos hicimos amigas. Creo que ella me vio como un ave extraña y decidió seguirme. Cuando intimamos, ella me dijo que amaba a su esposo pero que se sentía miserable en la situación que enfrentaba. Las mujeres de la iglesia esperaban que ella fuera como la esposa del pastor anterior, que se había desempeñado como una confiable oradora y líder organizadora de actividades para damas. Pero esos no eran los dones que poseía mi amiga. Ella era callada, aunque tenía un corazón profundamente compasivo. Pude notar que se sentía agobiada por las expectativas que se esperaban de ella. Un día le pregunté que si pudiera diseñar la vida que se imaginaba, ¿qué aspecto tendría? Me dijo que le encantaría alcanzar a las mujeres que nunca visitarían la iglesia, a las que creen que no serían bienvenidas a ella.

«¡Me parece bien!», le dije. «Oremos juntas para ver que ese sueño se haga realidad».

Unos años más tarde, llamaron a su esposo como pastor de una iglesia en el centro de la ciudad y, al fin, mi amiga encontró el lugar en el que su pasión se topó con una necesidad profunda. Todos los viernes y sábados por la noche, ella y un grupo de mujeres de su nueva iglesia —que tenían ideas similares a las de ella— preparaban sándwiches y café caliente con el objetivo de llevarlos a una zona del centro conocida por la prostitución. Un día, varios meses después de su mudanza, me encontré con ella y no pude creer lo diferente que se veía. Era como si todo el peso del mundo se hubiera caído de sus hombros. Sus ojos se iluminaron cuando me dijo lo que era poder mirar a los ojos a una mujer que se sentía tan poca cosa y decirle que era amada por Dios. Le pregunté si alguna vez tuvo miedo de caminar en esas calles por las noches. Me dijo que no, porque sabía que estaba donde Dios quería que estuviera. A mi amiga le tomó mucho tiempo poder usar finalmente los dones que Dios le había dado. Cuando ese sueño al fin se hizo realidad todo fue más hermoso.

Hemos visto a una madre que sufrió una tragedia, una mujer casada con un insensato y otra que se sentía forzada a desempeñar un papel en el que no encajaba. La pregunta es: ¿Cómo se relaciona esto con tu vida en este momento? Es posible que nunca te enfrentes a ninguna de esas situaciones específicas, pero ¿qué podemos tomar de cada una de ellas para fortalecernos y ayudarnos a avanzar?

El común denominador en cada una de esas historias es la lucha y la decepción. En nuestra cultura hemos desarticulado la palabra *decepción*. Ahora nos decepcionamos si descontinúan el tono que preferimos de lápiz labial o si una película no estuvo a la altura de las exageraciones publicitarias. Sin embargo, esa palabra tiene mayor peso. Los sinónimos de decepción son *tristeza, lamento, pena* o *pérdida*. Todos enfrentamos estas cosas en diversos momentos de la vida. No todas las pérdidas son enormes. Algunas incluso las vimos venir, pero eso no las hizo más fáciles.

En el año 2015, nuestro único hijo se fue a la universidad. Barry y yo lo acompañamos a College Station, Texas, para instalarlo en el nuevo apartamento que estaba compartiendo con uno de sus mejores amigos. Estábamos muy felices por él. Fue aceptado en la primera escuela que escogió —Texas A&M—, y estaba listo para comenzar ese nuevo capítulo de su vida. Nos quedamos un par de días y luego regresamos a casa. A unos diez minutos de iniciar el viaje comencé a llorar. Lloré las tres horas completas del viaje. Seguí disculpándome con Barry, diciendo que estaba bien. Simplemente no podía dejar de llorar. «¡Me alegro por él, sinceramente!», dije, conteniendo los sollozos. Finalmente llegamos a casa sin ahogarnos. Entré a la cocina para preparar la cena; Barry dijo que tomaría una ducha. Cuando la comida estuvo lista, fui a buscarlo. No estaba en la ducha ni en nuestra habitación. Lo encontré en la alcoba de Christian, acostado en su cama, sollozando. Cuando me vio, dijo: «¡Me alegro por él, realmente!».

Todas nos enfrentamos al cambio. Una parte de ese cambio es bienvenida, mientras que otras no las esperamos. Lo que nos mantendrá fuertes y nos ayudará a avanzar es saber que Cristo está con nosotras y por nosotras, y que la esperanza que tenemos en Él, en última instancia, no decepciona. Tal vez puedas tomar unos momentos hoy y pedirle al Espíritu Santo que te muestre las decepciones que sientes. Algunas de ellas podrían haber ocurrido en tu infancia y es probable que aún estén presentes en ti. Anótalas y luego dile a tu Padre que todavía te hieren. Él está consciente de eso, pero a veces necesitamos que se nos recuerde que lo sabe. Al igual que ese niño pequeño en la ladera, ofrécele lo que tengas a Jesús. Ese es un acto de adoración que Él aceptará.

Lo que nos mantendrá *fuertes* y nos ayudará a avanzar es saber que Cristo está con nosotras y por nosotras, y que la *esperanza* que tenemos en Él, en última instancia, no decepciona.

Un paso a la vez

No somos suficientes, pero Jesús sí lo es

1. Sé decididamente sincera. Sé franca contigo misma en cuanto a las áreas de tu vida que te decepcionan. Eso puede ser difícil de hacer, porque algunas de ellas no pueden cambiarse y puede parecer que reconocerlas solo hará que la carga sea más difícil de soportar. Eso sería cierto si tuvieras que soportarlas sola. Cristo te invita a compartir tu carga con Él. Anótalas. Enfréntalas. Habla con Dios al respecto. Cuéntale acerca de las que te hacen sentir desesperada y defraudada. Pídele a Cristo que camine contigo en los lugares dificultosos.

2. Pídele a Dios que te ayude a soñar algo nuevo. ¿Hay algo que siempre quisiste hacer pero lo dejaste en segundo plano debido a todo lo demás? Visita un vivero y compra un paquete de semillas y una vasija pequeña. Mira las semillas cuando llegues a casa. No parecen gran cosa. Plántalas y cuídalas; luego observa las primeras señales de vida. ¿Cuáles son las pequeñas semillas en tu corazón que, con cuidado y atención —en oración—, podrían dar a luz algo nuevo?

3. Medita en el siguiente versículo:

   Ciertamente les aseguro que, si el grano de trigo no cae en tierra y muere, se queda solo. Pero, si muere, produce mucho fruto (Juan 12:24).

   A veces tenemos que dejar morir un sueño para dar la bienvenida a otro nuevo.

Siete

Celebra tus cicatrices como tatuajes de triunfo

Al atardecer de aquel primer día de la semana, estando reunidos los discípulos a puerta cerrada por temor a los judíos, entró Jesús y, poniéndose en medio de ellos, los saludó. «¡La paz sea con ustedes!» Dicho esto, les mostró las manos y el costado. Al ver al Señor, los discípulos se alegraron.

—Juan 20:19-20

Será conocido por las cicatrices.
—Michael Card,
Known by the Scars (1983)

Leí un comentario en mi página de Facebook, que alguien dejó cierto día, que me hizo sonreír. La persona escribió: «Oro para que yo, algún día, pueda ser la mujer piadosa y valiente que tú eres».

Le envié una breve respuesta, consciente de que eso distaba mucho de la auténtica historia de la que había sido una niña atemorizada y una jovencita llena de miedo; lejos de la larga y ardua jornada por comprender dónde se encuentra el verdadero valor. Puesto que tengo un ministerio público, las personas tienden a ver las batallas que he ganado, pero no siempre ven la cantidad de veces que he tenido que correr a casa y caer —agotada y sintiéndome vacía— a los pies de Cristo. Me encanta la promesa del Salmo 91, que dice: «Con sus plumas te cubrirá y con sus alas te dará refugio. Sus fieles promesas son tu armadura y tu protección» (v. 4, NTV).

Deseaba poder sentarme con esa persona y caminar a través de los años de mi vida y los momentos que me habían formado, pero ¿por dónde empezaría? ¿Cuentan las fotos esa historia?

Atesoro una antigua foto en blanco y negro tomada en el jardín de mis padres antes de la muerte de papá. Mi mamá, con su cabello negro y reluciente cayendo en suaves rizos sobre sus hombros, y una dulce sonrisa, sostenía la mano de mi hermana. Yo, estaba sentada en una manta sobre la hierba; mi elegante padre estaba arrodillado detrás de mí mientras me apoyaba en él. Debía tener unos dos años y, por el semblante de mi rostro, estaba claramente bien alimentada. (Hecho poco conocido: cuando nací, pesaba cuatro kilos y medio. ¡Como un pavo!) Es una foto grata. Todos lucimos muy felices.

Pasados cuatro rápidos años, algo ha cambiado en otra foto a los seis años. Estoy de pie con un vestido azul, con el sol de verano besándome el rostro pecoso. Estoy sonriendo, pero hay cierta cautela en mi sonrisa. Lo veo en mis hombros también; ya no me inclino en la foto, me veo un poco inclinada hacia atrás.

En otras fotos, hay aspectos más destacados de etapas posteriores en mi vida. Tengo una foto con la hija de la reina de Inglaterra, la princesa Ana. Estaba presentando una gala real con varias celebridades y actores en el Royal Albert Hall de Londres, en pro de la organización benéfica preferida de la princesa, «Salven a los niños». El fotógrafo tomó la escena detrás del escenario justo cuando hice un acto de cortesía, así que me veo como la escultura de un duende en un jardín. Así lo veo ahora, bastante glamoroso. Un joven diseñador británico me había vestido para la presentación con una hermosa chaqueta y pantalones negros brillantes. Uno de los maquilladores de la British Broadcasting Company, la BBC de Londres, me había maquillado, ya que el programa estaba siendo televisado. Estoy segura de que si le mostrara a mi amiga de Facebook esa foto, ella pensaría que había superado el dolor de mi infancia y ahora no tenía miedo al escenario. Pero recuerdo cómo me sentía esa noche. Me sentí desconectada, sola, como si observara la vida desde la seguridad de una jaula de cristal construida por nosotras mismas.

¿Y qué decir de la instantánea Polaroid que tomaron aquella noche en que me ingresaron en el hospital psiquiátrico: pálida, delgada, con los ojos apagados como si las luces se me hubieran desconectado en el interior? ¿Cuenta eso una historia más sincera? ¿O son las cicatrices las que cuentan la historia?

¿Debo comenzar con la pequeña muesca que tengo en mi rodilla derecha? Me caí de la bicicleta cuando tenía cuatro años y mamá tuvo que sacar la arenilla que me quedó en carne viva. Estaba tan orgullosa de esa cicatriz. Se la mostré a mi padre como si le estuviera presentando una medalla que había ganado en la guerra. Mi hermana me dijo que dejara de tocármela porque se haría más grande. Le dije que eso era lo que quería.

¿Y qué decir de la cicatriz en la parte superior de mi brazo izquierdo a causa de las vacunas obligatorias que cada niño escocés recibe en la escuela? Decían que era un «nido de pájaros» porque estaba rodeada de cinco agujeros pequeños, como que si unos pajaritos te picotearon. Recuerdo estar detrás de mis compañeros de clase en el salón de enfermería. Estaban charlando y riendo, pero yo estaba aterrorizada. En ese punto de mi vida, asociaba cualquier tipo de dolor con una pérdida abrumadora. No quería más cicatrices.

Ninguna de esas imágenes o cicatrices expresaría el punto de inflexión de mi historia. Ninguna imagen podría captar ese profundo momento cuando, finalmente, las cicatrices de Cristo cubrieron mis heridas. Para eso, tendría que remontarme a la última fila de una pequeña iglesia en Washington, DC, en 1992. Había estado en el hospital psiquiátrico por tres semanas. Mi médico quería que saliera del hospital con una de las enfermeras. Él sugirió que tal vez me gustaría ir a un centro comercial o a ver una película. Le dije que no. Quería ir a una iglesia. No me importaba de cuál denominación fuera, solo que fuera una iglesia

Las *cicatrices* de Cristo cubrieron mis *heridas*.

que creyera en la Biblia. Me senté en la fila de atrás ese domingo por la mañana, muerta a las poderosas palabras de los himnos, mirando el sol que entraba por los vitrales, pero sintiéndome fría por dentro.

¿Alguna vez has estado en un lugar como ese, en el que te sientes tan desesperanzada que no te importa lo que digan, que no te afecta en nada? ¿Alguna vez has visto palabras que solían traer vida, gozo y esperanza cuando abrías la Palabra de Dios y que ahora solo son palabras en una página? ¿Alguna vez has sentido que incluso cuando estando rodeada de gente te sientes desesperadamente sola?

Ahí es donde estaba esa mañana de septiembre, sola y perdida. No recuerdo el mensaje. Me resultó difícil concentrarme. Pero cuando el pastor llegó al final de su exposición, dijo algo que me llamó la atención. Dijo que sabía que algunos de nosotros nos sentíamos muertos por dentro. Miré hacia arriba. Era como si me estuviera hablando. Dijo que no importaba cuán profundo fuera el agujero, Jesús estaba ahí. Continuó diciendo que no teníamos que salir del agujero, solo invocar su nombre y Él nos liberaría. En ese momento, me sentí como si era la única en la iglesia; como si ni siquiera el pastor estuviera ahí. El único que estaba allí, con los brazos abiertos y las manos perforadas por los clavos, era Jesús. Ni siquiera recuerdo si el servicio terminó, corrí al frente de la iglesia y me quedé boca abajo ante una sencilla cruz de madera. Las palabras de un himno que mi amada nodriza solía cantarme cuando era niña me inundaron en oleadas sanando mi condición:

Roca de la eternidad, fuiste abierta para mí
Sé mi escondedero fiel, solo encuentro paz en ti
Rico limpio manantial, en el cual lavado fui.

Aunque fuese siempre fiel, aunque llore sin cesar
Del pecado no podré, justificación lograr,
Solo en ti teniendo fe, deuda tal podré pagar.

Mientras haya de vivir, y al instante de expirar,
Cuando vaya a responder en tu augusto tribunal,
Sé mi escondedero fiel, roca de la eternidad.[1]

Algo profundo comenzó en mi vida aquel día. Entendí que el amor y la aceptación de Dios por mí nunca tuvieron que ver con que yo fuera lo suficientemente buena, lo suficientemente bonita o lo suficientemente fuerte. Lo que vi fue que aquel que tenía cicatrices en las manos me invitó a salir de aquella jaula de cristal con todas mis fracturas. Ese día comprendí cuánto tiempo había pasado escondida. Lo irónico para mí fue que gran parte de ese escondite ocurrió en público. Aunque ya adulta supe que la ira que mi padre me causó antes de suicidarse se debía a su daño cerebral, los mensajes que internalicé cuando era niña vivieron conmigo por años.

Si tu propio padre podía odiarte, cualquiera podría hacerlo.
No dejes que nadie se acerque demasiado o podría ver lo que él vio.
Ayuda a otras personas para que vean que tienes un propósito y no te rechazarán.

Uno puede hacer muchas cosas correctas con motivos equivocados. Cuando salí de la iglesia esa mañana, supe que no estaba arreglada, pero fui vista, vista en todo mi quebranto y fui amada. Si Cristo decidió vivir eternamente con sus cicatrices, ¿por qué me avergonzaría yo de mostrar las mías?

Tengo una nueva cicatriz que atesoro. Resultó de dos cirugías recientes. La primera es una cicatriz horizontal en mi vientre por la que extrajeron uno de mis ovarios. El tumor del tamaño de una toronja era benigno, pero la cirugía dejó una cicatriz horizontal bastante larga. Un par de años más tarde tuve una segunda cirugía en la espalda. Como ya mencioné, el cirujano se disculpó anticipadamente por la forma en que dejaría su incisión vertical. Sin embargo, no me di cuenta hasta que comenzó a sanarse la imagen que había creado la segunda cicatriz. Mientras se curaba, descubrí que una cruz me marcaba permanentemente. Me encantan esas cicatrices. Las amo porque son un recordatorio físico para mí, todos los días, de que Cristo está marcado permanentemente por ti y por mí. Él no escondió sus cicatrices, yo tampoco.

Si Cristo decidió

vivir eternamente

con sus *cicatrices,*

¿por qué me avergonzaría

yo de *mostrar*

las mías?

Dios cuenta su historia con cicatrices

«¿Puede una madre olvidar a su niño de pecho,
y dejar de amar al hijo que ha dado a luz?
Aun cuando ella lo olvidara,
¡yo no te olvidaré!
Grabada te llevo en las palmas de mis manos;
tus muros siempre los tengo presentes» (Isaías 49:15-16).

La palabra hebrea para «grabada» es *chaqaq* y significa «ser cortado o abierto». La práctica de tener una imagen en las palmas de las manos era familiar para los judíos. La llamaban «insignias de Jerusalén». Los hombres judíos se grababan imágenes del templo o de Jerusalén en las palmas de sus manos. Para el judío fervoroso significaba que siempre tendrían esas imágenes presentes. Lo siguiente es lo que hacían. Elegían una imagen y luego la cortaban en un bloque de madera. En seguida sumergían la imagen en polvo o carbón vegetal y se la aplicaban a las palmas de las manos. De inmediato, ataban dos agujas y las sumergían en tinta, luego perforaban suavemente la imagen, con el cuidado de no extraer sangre. Cuando la imagen estaba completa se lavaba con vino. Eso les recordaba al templo, pero no al Cordero de Dios que quita el pecado del mundo. Todavía tenían que seguir las leyes dadas a Moisés. Todavía tenían que sacrificar a un animal para, simbólicamente, eliminar sus pecados. Tenían que hacer eso una y otra vez. Pero el profeta Isaías habló de Uno que vendría, que se pondría en lugar nuestro y, de una vez por todas, tomaría nuestro castigo sobre sí mismo:

Ciertamente él cargó con nuestras enfermedades
y soportó nuestros dolores,
pero nosotros lo consideramos herido,
golpeado por Dios, y humillado.
Él fue traspasado por nuestras rebeliones,
y molido por nuestras iniquidades;
sobre él recayó el castigo, precio de nuestra paz,
y gracias a sus heridas fuimos sanados (Isaías 53:4-5).

Recuerdo que, cuando era chica, me dijeron en la escuela dominical que Dios tenía nuestros nombres inscritos en las palmas de sus manos; por lo que me preguntaba cuán grandes tendrían que ser sus manos para que todos esos nombres cupieran. Ahora creo que cada vez que Dios Padre ve las manos traspasadas de Cristo, nos ve a ti y a mí. No hay una imagen que muestre el amor de Dios más perfectamente que las cicatrices de Cristo. Esas cicatrices cuentan la historia de Dios.

Al atardecer de aquel primer día de la semana, estando reunidos los discípulos a puerta cerrada por temor a los judíos, entró Jesús y, poniéndose en medio de ellos, los saludó. «¡La paz sea con ustedes!». Dicho esto, les mostró las manos y el costado. Al ver al Señor, los discípulos se alegraron (Juan 20:19-20).

Solo puedo imaginar cómo debe haber sido ese día. Durante tres años, aquellos hombres habían seguido a Jesús de un pueblo a otro. Vieron crecer a la multitud, vieron milagros suceder ante sus ojos. Habían visto a Jesús convertir una tormenta en un mar cristalino con una sola palabra. Sabían que en cualquier momento Jesús tomaría su lugar en Jerusalén y derrocaría al gobierno romano. Es importante recordar lo que sabían de las Escrituras en ese momento. Ellos no tenían lo que nosotras tenemos. Todo lo que tenían eran los rollos del Antiguo Testamento. Estos les habían sido leídos en el templo desde que eran niños. Cada judío se aferraba particularmente a la promesa de las palabras del profeta Isaías acerca del Mesías venidero, las cuales vemos a continuación:

> Porque nos ha nacido un niño,
>   se nos ha concedido un hijo;
> la soberanía reposará sobre sus hombros,
>   y se le darán estos nombres:
> Consejero admirable, Dios fuerte,
>   Padre eterno, Príncipe de paz.
> Se extenderán su soberanía y su paz,
>   y no tendrán fin.

No hay una imagen

que muestre el

amor de Dios

más perfectamente que

las cicatrices de *Cristo.*

> Gobernará sobre el trono de David
>> y sobre su reino,
> para establecerlo y sostenerlo
>> con justicia y rectitud
>> desde ahora y para siempre.
> Esto lo llevará a cabo
>> el celo del SEÑOR Todopoderoso (Isaías 9:6-7).

Piénsalo. Si eso es todo lo que has escuchado desde tu niñez, esperarías que si Jesús fuera realmente el Mesías, todas esas cosas deberían estar a punto de suceder. Habían seguido a Jesús, lo habían visto hacer las cosas profetizadas que haría el Mesías, y ahora estaban esperando que Cristo se encargara de todo. Cuando Jesús entró a Jerusalén en un burro y la multitud se enloqueció arrojando ramas de palma a sus pies, debieron haber creído que el reinado del Mesías estaba comenzando. La historia empezaba a desarrollarse, pero no de la forma en que pensaban que sería. Juan registra gran parte de la conversación final que Jesús tuvo con sus discípulos la noche en que fue traicionado. Trató de prepararlos para lo que iba a suceder, pero ellos no entendieron.

> «¿Qué quiere decir con eso de que "dentro de poco ya no me verán", y "un poco después volverán a verme", y "porque voy al Padre"?» E insistían: «¿Qué quiere decir con eso de "dentro de poco"? No sabemos de qué habla» (Juan 16:17-18).

Sin embargo, esa noche cantaban himnos cuando salían del aposento alto y se dirigían a través del valle de Cedrón. Entonces todo empezó a ir mal. ¿No has estado allí? Yo sí. Estás en un gran lugar, amando a Dios, con la familia intacta, cuando de repente sucede algo que no viste venir, y te preguntas dónde está Dios, ¿y Él ve lo que está pasando? Estoy pensando en los miles de mensajes que he recibido a lo largo de los años haciendo esa pregunta: «¿Qué salió mal?»

Podría transmitirte muchas de las diferentes situaciones, pero la que te golpea más fuerte es la tuya. Sin importar lo que fuera, simplemente no lo viste venir. Puede ser relacional o de salud, finanzas o planes futuros, pero sea lo que sea, cuando golpea y se siente mal, es difícil no entrar en pánico. Todos sabemos que enfrentaremos desafíos en la vida, pero a veces nos golpea algo que parece como si el enemigo hubiera ganado. Ese es un escenario aterrador. Así debió ser como se sintieron los discípulos aquella noche.

Lo primero que vieron fueron antorchas encendidas acercándose a ellos, el sonido de las botas en la tierra y luego, Judas salió de las sombras y besó a Jesús en la mejilla. Estoy segura de que nunca confiaron en él. El dinero siempre parecía faltar, pero nadie esperaba esto. De alguna manera, ese beso en la mejilla parecía desatar los poderes del infierno, por lo que los soldados y los guardias del templo se movieron para arrestar a Cristo. Sé que más tarde esa noche, Pedro negaría haber conocido a Jesús, pero creo que a veces olvidamos lo que hizo en el jardín. Cuando Pedro vio lo que estaba sucediendo, sacó su espada y cortó la oreja del esclavo del sumo sacerdote. Pedro estaba listo para pelear. Ellos fueron ampliamente superados en número por los soldados; además, los amigos de Cristo no eran guerreros, eran pescadores. Creo que Pedro estaba listo para morir en el jardín aquella noche. Así que cuando Jesús le dijo que guardara su espada y sanó al esclavo, no le pareció lógico. Para un hombre orgulloso como Pedro debió haberlo sentido como una bofetada en la cara. A partir de ese momento, todo parecía fuera de control. Finalmente, después de la burla de un juicio y la flagelación romana, todos sus sueños fueron clavados en una cruz. Cuando Cristo murió, la misma tierra se estremeció literalmente bajo sus pies y la noche cayó con fuerza.

Marcos nos dice que cuando algunas de las mujeres fueron a la tumba esa mañana de resurrección, un ángel les dijo que Jesús no estaba allí, que había resucitado de entre los muertos. El ángel le ordenó a María que les dijera a los discípulos y a Pedro (qué amable era hacerle saber que, a pesar de negar que conocía a Jesús, estaba incluido) que Jesús había ido antes que ellos a Galilea. Debe haber parecido demasiado bueno para ser cierto. Ya nada tenía sentido. Esa noche se reunieron tras puertas cerradas. La vida ya no era segura ni predecible para ellos. Si los líderes judíos podían tomar a un hombre inocente y crucificarlo, ¿serían ellos los siguientes?

De repente, todos dejaron de hablar.

Al atardecer de aquel primer día de la semana, estando reunidos los discípulos a puerta cerrada por temor a los judíos, entró Jesús y, poniéndose en medio de ellos, los saludó. «¡La paz sea con ustedes!». Dicho esto, les mostró las manos y el costado. Al ver al Señor, los discípulos se alegraron (Juan 20:19-20).

La paz sea contigo. ¿Puedes siquiera comenzar a imaginar la alegría pura y sin mácula de aquel momento? Habían visto cómo el cuerpo magullado y maltratado era sacado de la cruz y envuelto en un lino que se volvió tan rojo como el carmesí. Ahora estaba aquí, vivo, nuevamente. ¿Alguna vez te has preguntado por qué Cristo conservó las cicatrices después de su resurrección? Podría haber optado por levantarse sin esas señales de la brutal ejecución que había experimentado. Quizás una de las razones fue por sus amigos más cercanos. No tendrían ninguna duda de que se trataba de Jesús, el Cristo que había sido crucificado. El gran predicador Charles Spurgeon lo expresó de la siguiente manera:

Él dijo: «He aquí mis manos y mis pies, eso es, yo mismo». Lo hizo para establecer su identidad, que era el mismo Jesús al que habían seguido, al que habían abandonado, al que habían visto a lo lejos, al que fue crucificado, muerto y al que habían llevado a la tumba en la penumbra de la tarde; era el mismo Cristo que estaba ahora ante ellos, y ellos lo sabrían, porque allí estaba la huella de sus sufrimientos.[2]

Cuando Cristo extendió sus manos perforadas y el costado herido, ya no eran marcas de muerte, eran signos de la victoria definitiva: declaraban que la muerte fue vencida por la sangre del Cordero. Cristo usa esas cicatrices en el cielo como gloriosos trofeos de la batalla que ganó. La única herida de esta tierra en la eternidad serán las cicatrices de Cristo.

Me pregunto qué pensaron los ángeles cuando vieron regresar al Santo, así, con esas marcas. Creo que solo haría la adoración más intensa, la alabanza aun más gloriosa. La maravilla de lo que Dios en Cristo había estado dispuesto a hacer por aquellos a quienes ama.

Esas cicatrices son trofeos de la gracia. Si alguna vez te sientes tentada por un momento a dudar de tu valor, recuerda esto: el único inocente que ha existido está marcado para siempre porque pensó que valía la pena. El mismo hombre que escribió el hermoso himno «Roca de la eternidad», en el siglo dieciocho, escribió lo siguiente:

> Mi nombre en las palmas de sus manos.
> La eternidad no borrará;
> Impreso en su corazón lo permanece
> En las marcas de la gracia indeleble.
>
> —Augustus Toplady

¿Quieres estar bien?

A medida que se curan las incisiones de cualquier cirugía, se hace evidente que ya no tienes heridas, lo que tienes son cicatrices. Estas nos dicen que estamos curadas, pero a veces, tal como lo hice cuando tenía cuatro años, seguimos hurgándolas; por lo que se vuelven a abrir las heridas. Mi esposo Barry tiene una pequeña cicatriz en el costado de su mejilla que ha estado manoseándose durante el último año. Me vuelve loca. Inicialmente, me dijo que era un pelo encarnado y que se tocaba la cicatriz para tratar de liberarlo. ¡Eso fue hace meses! Ahora lo veo mirándolo en el espejo de aumento de nuestro baño todas las noches. Ha estado a punto de curarse varias veces, pero él vuelve a manosearla. Cuando le pregunto por qué no deja tranquila su hermosa aunque pobre cara, me dice que está seguro de que todavía hay algo ahí. Por tanto, pienso: Si hay algo ahí todavía, ¡ya debe estar muerto!

No hace mucho estuvimos en Myrtle Beach, Carolina del Sur, en una conferencia. Terminamos con una tarde libre y nos dirigimos a la playa. Me encanta estar cerca del agua. Es mi lugar de solaz. Lo veo tan tranquilo. A Barry también le encanta porque tiene una teoría: cree que el agua salada puede sanar cualquier cosa. Es su versión de Windex (referencia a la película *Mi gran boda griega*). Así que estacionamos nuestro coche alquilado y caminamos hacia la arena. Me quedé unos minutos con los ojos cerrados, escuchando el sonido de las olas y agradeciendo a Dios el regalo de unas horas en el océano. Cuando abrí los ojos, ahí estaba él, hundido hasta las rodillas en el agua, echándosela con las manos en un lado de su cara, donde tenía la cicatriz. Supuse que ahora que estaba «sanada» la dejaría tranquila, pero no fue así. Cada noche, seguía ahí... hurgándosela, hurgándosela y hurgándosela.

A Christian y a mí nos encanta molestarlo con eso, pero hay situaciones mucho más serias en las que no queremos que nuestras heridas se curen. No queremos dejar de tenerlas porque han llegado a ser parte de nuestra identidad. Sin embargo, Jesús está de pie con sus manos —marcadas por las cicatrices— abiertas y extendidas hacia cada una de nosotras, pero no nos obliga a curarnos. Tenemos que decidir.

Había allí, junto a la puerta de las Ovejas, un estanque rodeado de cinco pórticos, cuyo nombre en arameo es Betzatá. En esos pórticos se hallaban tendidos muchos enfermos, ciegos, cojos y paralíticos. Entre ellos se encontraba un hombre inválido que llevaba enfermo treinta y ocho años. Cuando Jesús lo vio allí, tirado en el suelo, y se enteró de que ya tenía mucho tiempo de estar así, le preguntó: «¿Quieres quedar sano?»

«Señor —respondió—, no tengo a nadie que me meta en el estanque mientras se agita el agua y, cuando trato de hacerlo, otro se mete antes».

«Levántate, recoge tu camilla y anda», le contestó Jesús (Juan 5:2-8).

Si visitas Israel, todavía puedes ver el estanque de Bethesda. Está cerca de la Iglesia de Santa Ana, en un barrio al noreste de la ciudad vieja. Bethesda significa «casa de misericordia» o «casa de derramamiento». Eso es lo que anhelaban los que se reunían dentro de los cinco grandes atrios cubiertos. Ellos creían que ahí sucedían milagros. Cuando un ángel revolvía las aguas, el primero que entrara a la piscina sería sanado.

No puedo imaginar lo desgarrador que se debe haber sentido una como espectadora en ese lugar cuando las aguas se agitaban. Los que esperaban eran ciegos, lisiados y todo tipo de personas desesperadamente enfermas. Cuando uno de ellos se movía en dirección a las aguas, los otros hacían todo lo posible por arrastrar sus pobres y desgarrados cuerpos hasta la orilla de la piscina, pero solo uno iba a ser sanado.

Me imagino que era una zona que la mayoría de la gente evitaba. Era un lugar de miseria y enfermedad, y el pueblo judío tenía leyes muy estrictas en cuanto a quién estaba limpio y quién no lo estaba. Me encanta que Jesús haya decidido ir allí. Nunca se quedó en los lugares más bonitos de la ciudad y rara vez se reunía con la gente más respetable. Se dirigía a los pobres y a los quebrantados, a quienes la sociedad había desechado.

Algunos de los que esperaban su milagro tenían amigos que los ayudaban a sumergirse en el agua, pero el hombre con quien Jesús habló no tenía a nadie. Tal vez acudía a ese lugar porque se sentía más cómodo entre los que estaban quebrantados como él. Jesús le planteó lo que parece ser una pregunta ilógica: «¿Te gustaría estar bien?». ¿Por qué iba a estar ahí ese hombre si no porque quería estar bien? Sin embargo, me he preguntado cómo era la imagen de Dios que ese hombre tenía. Había estado acudiendo a ese lugar por treinta y ocho años y debe haberle parecido que la gracia de Dios se manifestaba por orden de llegada. Es probable que Jesús lo eligiera porque había estado ahí más tiempo que los demás. Había observado cómo, una y otra vez, los demás conseguían el milagro que deseaban, y él ni siquiera se acercaba. A esas alturas de su vida, casi había perdido la esperanza. Cuando Jesús le preguntó si quería curarse, su respuesta fue que no podía.

Cuando trato de hacerlo, otro se mete antes.

Aquel hombre había abandonado toda esperanza y aceptó lo que era, alguien que nunca recibiría un milagro. Su herida siempre estaba abierta.

En algunas ocasiones me he cuestionado si habrá situaciones en las que nos identifiquemos más con las heridas que con las cicatrices. Es probable que eso luzca fuerte, pero lo he visto muchas veces. A menos que nuestra identidad esté profundamente arraigada en nuestro Salvador —y sus cicatrices—, nos identificaremos con nuestras heridas.

Tú y yo sabemos que en este mundo suceden cosas terribles. Niños de quienes se abusa sexualmente, esposas que son golpeadas, hombres que pierden a sus esposas por un cáncer de mama o que se quedan sin trabajo a una edad en la que es difícil encontrar otro. La lista es larga y dolorosa. Cuando llegamos a la fe en Cristo, se nos ofrece sanidad y esperanza. Sin embargo, eso nunca es una solución rápida. Puede tomar años comenzar a alejarnos de las cosas que nos hirieron muy profundamente, pero a medida que seguimos marchando con Cristo, su presencia se hace más grande que la herida y se forma una cicatriz. Nuestras cicatrices son la prueba de que Dios sana. Para algunos, sin embargo, la herida les da una identidad, una historia, una que no están dispuestos a abandonar. La herida se convierte en lo más verdadero de ellos.

Cristo quiere más para nosotras. Él quiere que estemos completas. Sus palabras al hombre en la piscina ese día fueron fuertes. La traducción de la Nueva Versión Internacional de la Biblia (NVI) transcribe el capítulo 5, versículos 8-9, de la siguiente manera:

«Levántate, recoge tu camilla y anda», le contestó Jesús. Al instante aquel hombre quedó sano, así que tomó su camilla y echó a andar.

El griego original es este:

¡Egeire! [¡Levántate!]

Eso no se trataba de una sugerencia. Era una orden. Una orden con poder que presagiaba los días por venir:

Ciertamente les aseguro que ya viene la hora, y ha llegado ya, en que los muertos oirán la voz del Hijo de Dios, y los que la oigan vivirán (Juan 5:25).

El hombre se puso de pie y fue sanado. Sin embargo, es un personaje interesante. No parece particularmente agradecido por la sanidad. Cuando los líderes religiosos judíos le preguntaron por qué andaba con su camilla el sábado, señaló a la distancia y dijo: «¡Ese hombre me dijo que lo hiciera!» Le preguntaron a qué hombre se refería, pero no sabía. Ni siquiera se molestó en preguntarle a Jesús cuál era su nombre. Más tarde, el Señor lo enfrentó en el templo. Él sabía cuánto tiempo había estado enfermo aquel hombre y también sabía lo que había en su corazón, por lo que le dijo que dejara de pecar. Pero, en vez de caer de rodillas y adorar, fue en busca de los líderes religiosos y les dijo que el nombre del hombre era Jesús. Ese hombre se levantó y caminó, pero no siguió a Cristo. Los milagros nunca nos cambiarán; la obediencia a Cristo sí.

Cicatrices invisibles

No todas las cicatrices son visibles. A veces, las que portamos provienen de algunas decisiones que hemos hecho. Son más fáciles de ocultar, aunque dejan una marca en el interior. Creo que esas cicatrices son potencialmente las más letales porque no se pueden ver, pero el efecto continuo en nuestras vidas es profundo.

El rey David sabía cómo afecta al alma, y al espíritu, el pecado no confesado. Sus cicatrices ocultas lo perseguían, día y noche. Puedes leer los detalles de esa parte de su historia en 2 Samuel, capítulos 11 y 12. La conclusión es que se acostó con la esposa de otro hombre. Cuando esta quedó embarazada, él envió al esposo de ella al frente del campo de batalla, donde —David sabía— lo matarían. Adulterio y asesinato. Dios le había dado todo a David. El reino de Israel nunca había sido más grande. Ahora vivían a plenitud en la tierra prometida a Moisés, cuya riqueza no tenía precedentes. Tenerlo todo no nos resguarda del pecado. David miró un día y vio a Betsabé bañándose. La deseó, así que la tomó. Dios envió al profeta Natán para confrontarlo con su pecado y David, finalmente, se derrumbó. Así que escribió el Salmo 51 en referencia al efecto que su pecado tuvo en su vida.

> Purifícame con hisopo, y quedaré limpio; lávame,
>   y quedaré más blanco que la nieve.
> Anúnciame gozo y alegría
>   infunde gozo en estos huesos que has quebrantado.
> Aparta tu rostro de mis pecados
>   y borra toda mi maldad.
> Crea en mí, oh Dios, un corazón limpio,
>   y renueva la firmeza de mi espíritu.

Los *milagros*
nunca nos cambiarán;
la *obediencia*
a Cristo sí.

No me alejes de tu presencia
  ni me quites tu santo Espíritu.
Devuélveme la alegría de tu salvación;
  que un espíritu obediente me sostenga (vv. 7-12).

A David lo perseguían sus secretas cicatrices internas. No había alegría, ni descanso, ni esperanza. Él sabía cómo se veía cuando el Espíritu Santo deja a una persona. Lo había visto en el rey Saúl. Así que reconoció que aun cuando había pecado contra Betsabé y Urías, su marido, la verdadera persona contra la que había pecado era Dios. Él nos da indicios para cuando cometemos nuestros errores más grandes.

Si alguna de las historias de David es cierta para ti, quiero recordarte que el mismo Dios que limpió los pecados de David te está esperando. Nuestra cultura ha hecho un buen trabajo cambiando los límites entre el bien y el mal: ahora todo vale. Sin embargo, lo que nuestra cultura no ha hecho es proporcionar una respuesta a las repercusiones internas de abandonar los caminos de Dios. La ansiedad, la depresión y el suicidio son tasas epidémicas. Ahora, permíteme decir lo siguiente, no creo que la enfermedad mental sea causada por un estilo de vida pecaminoso. Lo que estoy diciendo es que cuando estamos agobiados por las cicatrices de la culpa causada por las decisiones que hemos tomado y no sabemos a dónde acudir para obtener ayuda, la ansiedad y la depresión pueden estar presentes o aumentar. Sé de un buen hombre que se suicidó porque no podía soportar decirle a su esposa que la había engañado y enfrentaba la posibilidad de perder a sus hijos. Conozco a muchos que son adictos a la pornografía cibernética, hombres y mujeres que temen confesar su pecado porque se siente muy tenebroso. Entiendo eso.

La iglesia debe ser el lugar con mayor gracia, pero a menudo es donde somos juzgados y desechados. Si no tienes un lugar seguro en este momento, ¿puedo recordarte que hay un Salvador seguro? No importa lo que hayas hecho, no hay pecado demasiado grande que te separe del amor de Dios (Romanos 8:38-39), aparte de negar quién es Él y rechazar al Espíritu Santo. No tienes que limpiarte; ven tal como eres. Las mismas cosas que te hacen sentir descalificada para ser usada por Dios pueden ser los canales a través de los cuales Él llegue a otra vida rota. Cuando las heridas están frescas, necesitan espacio y gracia para sanar, pero cuando las cicatrices comienzan a formarse, tenemos una historia que contar.

Hace poco, leí una encuesta de Gallup sobre el hecho de que los jóvenes abandonan la iglesia en masa. Me pregunto si parte de eso se debe a que los que hemos recorrido más de la vida no damos a conocer nuestras cicatrices. En la medida en que pensemos que debemos lucir perfectos, perdemos la gran oportunidad de mostrarle a alguien más a Cristo, que es perfecto. En una entrevista de radio que hice, permití que las personas llamaran e hicieran preguntas. Una mujer preguntó: «¿Es verdad que terminaste en una sala de psiquiatría?». Le aseguré que eso era cierto. Entonces volvió a preguntarme: «¿Sigues tomando medicamentos?». Le dije que sí. Luego alegó: «Oh, me decepcionas mucho». Le dije, tan amablemente como pude, que tenía muchas cosas más que la decepcionarían de mí. Lo único que me quedó muy claro ese día en una pequeña iglesia en Washington, DC, fue lo siguiente: *Yo no soy la buena nueva. La buena nueva es Cristo.*

Me gustaría poder sentarme contigo, mirarte a los ojos y recordarte que no importa cuáles sean tus cicatrices, internas o externas, eres más amada de lo que crees. Pienso que cuando empezamos a comprender incluso los límites de ese amor, algo profundo cambia. Queremos que otros también lo sepan. Por eso titulé este libro *Está bien no estar bien.* Yo lo creo. Cristo nos encuentra donde estemos. Y no nos deja allí, al contrario, ahí es donde comienza la travesía. Lo que no está bien es fingir que estás bien cuando sabes que no lo estás. Avanzar requiere coraje, pero nunca darás un paso de ese trayecto sola. Cristo siempre está con nosotras.

Permite que te pregunte algo al concluir este capítulo: ¿Estás dispuesta a considerar tus cicatrices? Algunas pueden ser externas, las cuales siempre has visto feas. Cristo no las ve así. Él te acoge para que le des tus cicatrices. Habla con Él acerca de ellas. Dile cómo te sientes respecto a ellas. Pídele que las toque. Permite que el amor de Dios descanse sobre tus cicatrices. Pídele que te ayude a verlas, no como cicatrices que deben ocultarse, sino como tatuajes gloriosos de la victoria, ¡porque todavía estás aquí! Si tus cicatrices son internas debido a las decisiones que has tomado o las cosas que te han hecho, no dejes que se conviertan en tu identidad. Encuentra tu identidad como hijo o hija de Dios. Cristo quiere traer gloria al Padre a través de tus cicatrices. Cuando Jesús sanó al ciego, sus amigos le preguntaron quién había pecado si él o sus padres para que provocaran esa ceguera. Jesús dijo que ninguno.

Esto sucedió para que la obra de Dios se hiciera evidente en su vida (Juan 9:3).

¿Permitirías que el poder de Dios sea visto en ti? Espera con las manos extendidas y marcadas por los clavos.

Un paso a la vez

Encuentra tu identidad en Cristo

1. Hay muchas citas sobre las cicatrices pero, para mí, la simple verdad es que son una prueba de que Dios cura y de que su amor es mayor que cualquier cosa que haya intentado destruirnos. ¿Dónde están tus cicatrices? ¿Cuáles son las cosas que han dejado su huella en ti? Mira, ¡estás aquí! ¡Lo hiciste! ¿Tomarás un tiempo para celebrar que lo que pensaste que te derribaría no pudo hacerlo? Mira lo lejos que has llegado. Cómprate un pastel o un pan sin gluten y descansa un rato. Sí, habrá desafíos por delante, pero ahora —en este preciso momento—, respira hondo y da gracias.

2. Tu verdadera identidad es un regalo de Dios. Convertirte en cristiana significa que descubres quién eres realmente. Al convertirte en cristiana no te pierdes nada, al contrario, descubres lo que siempre quisiste ser. Eso es lo que dice la Palabra de Dios:

Dios te atesora. «*Perteneces a Dios*». 1 Pedro 2:9

Él piensa que, por ti, vale la pena morir. «Porque tanto amó Dios al mundo que dio a su Hijo unigénito, para que todo el que cree en él no se pierda, sino que tenga vida eterna». Juan 3:16

¡Eres libre! «Liberados del pecado, ahora son ustedes esclavos de la justicia». Romanos 6:18

Estás perdonada. «En él tenemos la redención mediante su sangre, el perdón de nuestros pecados, conforme a las riquezas de la gracia». Efesios 1:7

Tu vida eterna está garantizada. «Yo les doy vida eterna, y nunca perecerán, ni nadie podrá arrebatármelas de la mano. Mi

Padre, que me las ha dado, es más grande que todos; y de la mano del Padre nadie las puede arrebatar». Juan 10:28-29

Escoge un versículo cada día para que medites en él. Anótalo en un papel pegante, luego colócalo donde lo veas una y otra vez.

Ocho

Decídete a comenzar de nuevo...
una y otra vez

Estoy convencido de esto: el que comenzó tan buena obra en ustedes la irá perfeccionando hasta el día de Cristo Jesús.

—Filipenses 1:6

Una vez que eres real, no puedes ser feo, excepto para las personas que no entienden.

—Margery Williams, *El conejo de peluche*

¿**A**lguna vez has visto a alguien a quien amas hacer algo un poco loco, sincero, y que parezca insensato, solo para percatarte de que eso realmente es parte de lo que esa persona es? Quizás sean personas normalmente tranquilas entre los demás pero, de repente, se convierten en la vida de la fiesta; o son gente que no categorizarías como arriesgadas y —cuando menos lo piensas— salen y toman la iniciativa. La Navidad pasada vi a mi esposo hacer algo así. Era tan distinto a lo que solía ser que me hizo reír pero, al reflexionar, lo consideré profundamente conmovedor. Vi que había alcanzado un nuevo nivel de libertad, un espacio en el que se sentía lo suficientemente cómodo en su propia piel como para mostrar su lado humorístico. Sin embargo, no se limitó a sumergir su pie en el agua; se zambulló por completo.

Cuando Christian regresó a la universidad después del Día de Acción de Gracias el año pasado, comencé a pensar en la Navidad de nuestra familia. Quería que hiciéramos algo un poco diferente. Christian es hijo único, no tenemos otra familia en Estados Unidos; lo que significa que cuando regrese a casa para las vacaciones, solo somos nosotros. Nos reunimos y la pasamos de lo mejor: Barry, nuestros tres perros, Christian y su mascota si la lleva a casa —una serpiente llamada Ramen the Danger Noodle— y yo. Somos una pequeña tribu en la que celebramos la tradicional reunión vestidos todos de San Nicolás, incluidos los perros; aunque no la serpiente. Recuerdo lo divertido que era cuando crecí, ya que tenía un hermano y una hermana; por eso siempre quise que Christian también tuviera hermanos. Lo tuve a mis cuarenta años, por lo que sabíamos que podría ser el único hijo; sin embargo, oramos para tener más. Quedé encinta una vez más cuando Christian tenía dos años pero, por desdicha, perdimos ese pequeño.

De forma que decidí que ese año, especialmente porque la novia de Christian pasaría las navidades con nosotros, íbamos a tener unas vacaciones dinámicas y divertidas. Contemplé un viaje a las montañas Rocosas para esquiar, pero como no soy nada buena para coordinar eso, decidí no hacerlo. Entonces me pregunté si acaso un viaje a Nueva York sería mejor. Había muchas posibilidades de que nevara esa Navidad; además, la idea de tomar chocolate caliente y ver caer nieve mientras paseamos en un carruaje tirado por caballos era muy atractiva. Le pregunté a Barry y a Christian qué pensaban al respecto. A Christian le gustó, pero Barry tenía algunas preocupaciones:

«¿Y si hay otro ataque terrorista?»

«¿Y si la nevada es fuerte?»

«¿Y si nos asaltan?»

«¿Y si nos asaltan con nevada y todo?»

Le reconocí a Ígor que sí, que esas eran algunas posibilidades, aunque remotas. Entonces le recordé que, aparte de lo relativo a la nieve, todo eso podría sucedernos en Dallas, por lo que me dio la razón. Usé mis millas de viajera frecuente para los pasajes aéreos y encontré un hotel cerca de Times Square. Nueva York es un lugar al que amas o desprecias. A algunas personas les parece que las calles siempre están abarrotadas y que el ritmo de vida es abrumador, pero a mí me encanta. La ciudad se siente tan viva y, durante la temporada navideña, con las luces en la Quinta Avenida y el magnífico árbol de Navidad en el Rockefeller Center, es un lugar maravilloso.

Teníamos solo cuatro días, pero aprovechamos todas las cosas divertidas que pudiéramos imaginar. Fuimos a patinar sobre hielo en el Rockefeller Center y observamos cómo un joven se arrodillaba sobre el hielo y le pedía a su novia que se casara con él. (¡Ella dijo que sí!) Vimos la obra teatral navideña llamada «Radio City Christmas Spectacular» con las Rockettes y comimos castañas asadas de las que venden en la calle. Barry y yo regresamos al hotel en una bicitaxi y dejamos que Christian y su novia pasearan en un carruaje tirado por caballos por el Parque Central. En la parte superior de mi lista estaba la bella y tranquila Catedral de San Patricio. En medio del ruido y el bullicio de la Quinta Avenida, repleto de compradores de última hora, coches y taxis, es un regalo entrar en la paz de esa hermosa iglesia y recordar a Cristo, el verdadero regalo de la Navidad.

En nuestra última noche, mientras caminábamos por las calles admirando las exhibiciones y las luces de Navidad, Barry... se descontroló. No sé cómo decirlo. Estábamos esperando para cruzar una calle muy transitada, las personas cargaban cinco o seis abrigos encima, se empujaban unas contra otras mientras esperaban que cambiara la luz del semáforo, y cuando al fin cambió, Barry se nos despegó. Comenzó a saltar para pasar al otro lado de la calle. No estoy hablando de un pequeño salto que casi no puedes notar, fue un salto como los de «El duende Elf». No sé qué películas encabezan tu lista de Navidad cada año, pero en nuestra familia, *El duende Elf* está entre las primeras con *Blanca Navidad* y *Una historia de Navidad*. Una de nuestras escenas favoritas es cuando el duende Buddy salta a través de una concurrida calle de Nueva York, esquivando taxis amarillos a cada paso. Eso fue divertido, pero tengo que decir que el salto de Barry fue mejor. La calle estaba abarrotada de gente esa noche, pero eso no lo disuadió nada. Logré sacar mi iPhone a tiempo, presioné el botón de grabación de video y capté la mayoría de la acción. Lo que lo hizo aún más ridículo es que nadie prestaba atención a ese hombre de cincuenta y cuatro años saltando como un gigantesco conejito de Navidad en medio de la Quinta Avenida. Es claro que nada sorprende a los neoyorquinos. Lo han visto todo. Cuando regresamos a nuestra habitación esa noche, le mostré el video.

«¿Qué te pasó?», pregunté una vez que ambos dejamos de reír.

«Si no puedes saltar como un gran conejito cuando tienes cincuenta y cuatro años, ¿cuándo podrás?», dijo.

Me encanta eso. También deseo ese tipo de libertad para ti... No necesariamente para que saltes como un conejito gigante a través de una calle concurrida, sino la libertad para ser todo lo que realmente eres. La mayoría de nosotros empezamos así como niños. Como somos bien amados, eso nos da espacio y gracia para explorar cada área de nuestra personalidad. Tenemos la oportunidad de probar cosas, podemos caer y fallar, y volver a levantarnos. Cuando somos amados, no sentimos vergüenza si fallamos; eso se acepta como parte de la gran aventura de la vida. Descubrimos dos cosas: lo que nos gusta, que nos atrae, y las cosas que podrían ser divertidas de probar, pero que en verdad no son nuestras fortalezas.

A medida que crecemos, sin embargo, la vida asedia; se agregan otras opiniones, se hacen juicios y nos hacemos menos libres. El patio de la escuela puede ser el primer lugar que nos enseñe que no todos acogerán todo lo que somos. Tal vez tu familia se reía de todas tus bromas mientras crecías, por lo que suponía que eras graciosa, pero los comentarios de esta nueva multitud son crueles e ingratos. Parte de ser bien amado es recibir comentarios sinceros y no vergonzosos a medida que crecemos. Cuando niña, pensaba que realmente estaba dominando el violín hasta que mi familia me aseguró que si continuaba tocándolo el gato se iría de la casa. Nos reímos porque no fue un juicio despectivo, solo comentarios sinceros. De modo que, puse el violín en su estuche y me disculpé con el gato. Entonces mi madre dijo: «Pero cuando cantas, Sheila, todos nos detenemos a escucharte». Una familia o una amistad sana pueden ayudarnos a entender nuestras fortalezas y debilidades. El mensaje es que no todo funcionará, pero no tengas miedo de intentarlo y nunca temas fallar. Cada falla nos lleva un paso más cerca al lugar donde brillaremos. Tuve el privilegio, hace algún tiempo, de entrevistar a uno de los patinadores olímpicos más queridos de Estados Unidos. Me dijo que se había caído más de treinta mil veces, pero se había recuperado más de treinta mil veces. Qué hermoso ejemplo de alguien cuya familia le enseñó a perseverar, sabiendo dónde yacen sus fuerzas y negándose a dejar morir su sueño. Hay, sin embargo, otras razones por las cuales los sueños se abandonan y perdemos lo que realmente somos.

La verdadera tú oculta

Una noche en que estaba en la habitación de un hotel pasando los canales de la televisión en busca del clima local, vi la cara de una mujer en la pantalla que me hizo detener. La cámara enfocó un plano preciso de su rostro de tal manera que el dolor que se veía en sus ojos era abrumador. Me pareció como si estuviera atrapada dentro de su propio cuerpo, pidiendo ayuda en silencio. Me senté y observé el resto del programa. Pesaba casi trescientos kilogramos y el programa trataba acerca de su pérdida de peso. La cámara enfocó las fotos de ella cuando era pequeña. Era encantadora, con el pelo rubio rizado y unos brillantes ojos azules. La persona que la estaba entrevistando le preguntó cuántos años tenía en esas fotos. Ella dijo que tenía seis años. Luego vino la pregunta dolorosa: «¿Cómo pasaste de ser esa niña a lo que eres hoy?».

Su relato brotó en medio de las lágrimas. Era una historia de abuso sexual, vergüenza y autodesprecio, desde que tenía siete años de edad. Por eso, la comida se convirtió en la única amiga en la que podía confiar. Solo cuando comía era que sentía consuelo y tranquilidad, pero sabía que se estaba matando poco a poco. Para ella, aquello era una sentencia de muerte. Observé el programa durante las dos horas completas, animándola cuando tenía éxito y compadeciéndome cuando fallaba. Había pasado de ser una radiante y enérgica niña, a la que le encantaba jugar fútbol y andar en bicicleta, a una mujer que no salió de su hogar en más de dos años. Cuando el programa llegó a su fin, había perdido más de ciento cincuenta kilogramos; por lo que pudo levantarse y caminar por su vecindario. El último enfoque fue cuando estaba mirando a una niña en su bicicleta; al observar su rostro, ya no vi a la mujer de ciento cincuenta kilogramos: vi a la niña con los rizos rubios y los grandes ojos azules. Ella no se había ido, había estado escondida durante mucho tiempo.

El abuso o trauma en la infancia afecta mucho esa parte tuya que permites que el mundo vea. Te vuelves más cuidadosa, te dominas más, porque has aprendido que la vida no es segura. El abuso sexual, en particular, trae consigo un mar de vergüenza. Una de mis amigas más queridas fue maltratada sexualmente por una persona de su iglesia cuando era niña. Ese abuso provocó una de las luchas más dolorosas que he visto en mi vida. Se convirtió en una chica promiscua en su adolescencia puesto que, en su mente, el sexo y la aceptación eran equivalentes del amor; pero a medida que envejeció, la vida se le hizo mucho más confusa. Luego, después de que le dio su vida a Jesucristo, se enfrentó a la siguiente pregunta: ¿Cómo podría amar y confiar en Dios cuando fue abusada por alguien que supuestamente lo representaba? Requirió de mucho tiempo, de mucho asesoramiento intenso y de amigos que no la abandonaran para conducirla al ambiente de paz y aceptación al que esa bella mujer está en la actualidad. Tuvo que luchar duro para encontrarse de nuevo.

Cómo hallar la libertad

Viajo por todo el país la mayoría de los fines de semana. Nunca he estado en un auditorio con mujeres, sean diez mil o diez, en el que este problema no haya estado presente. He escuchado a aquellas cuyo abuso las llevó a tener relaciones sexuales indiscriminadas con diversas parejas y a las que están casadas pero no pueden tener relaciones sexuales con su propio esposo, porque comparan eso con lo malo y lo sucio que les ha ocurrido. En cualquiera de esas situaciones, lo que debería haber sido visto como un buen regalo de Dios se ha convertido en una prisión. Cada vez que tengo la oportunidad de sentarme cara a cara con una mujer que ha experimentado ese trauma, escucho su historia todo el tiempo que sea necesario. Luego le recuerdo la descripción que hace Cristo, primero a través del profeta Isaías (Isaías 61:1-2) y luego de sus propios labios:

> El Espíritu del Señor está sobre mí,
>   por cuanto me ha ungido
>   para anunciar buenas nuevas a los pobres.
> Me ha enviado a proclamar libertad a los cautivos
>   y dar vista a los ciegos,
> a poner en libertad a los oprimidos,
>   a pregonar el año del favor del Señor (Lucas 4:18-19).

Cristo fue ungido para liberar a los que están en prisión y a los que apenas pueden levantar la cabeza por el peso de la vergüenza. Eso comenzó hace mucho tiempo. La vergüenza fue introducida en el jardín del Edén (Génesis 3). Entonces Cristo, el segundo Adán, vino a tomar nuestra vergüenza sobre sí mismo. Cada una de nosotras está invitada a emprender esa travesía desde el punto en el que fuimos avergonzadas hasta el lugar donde comenzamos a experimentar la libertad que ofrece Cristo. Me encanta lo que leí en un blog hace poco:

> No hay nada que le impida al perpetrador perseguir nuestros recuerdos, o hasta poseer nuestra alma, como la identificación que tenemos con la pasión de Cristo. Somos superiores a lo que nos ha pasado. Necesitamos reorientar y alinear toda nuestra identidad con su vida en nosotros. Tenemos que terminar el trayecto del jardín a la cruz, tenemos que dejar de ser abrumados en el jardín y ser victoriosos en la cruz, derrotar a la muerte y la vergüenza para siempre. No es que nos libremos del dolor... no necesariamente... sino que sea un dolor redimido.[1]

No eres lo que

te *sucedió.*

Eres

hija de Dios.

Dolor redimido. Esa es una verdad poderosa. Todas experimentamos dolor, pero cuando se lo traemos a Jesús, Él lo redime. Al enemigo de nuestra alma le encantaría mantenernos sobresaltadas y avergonzadas, pero Jesús usa el dolor que le entregamos para liberarnos y ver a otros en libertad. No eres lo que te sucedió. Eres hija de Dios.

No todo abuso es sexual. Algunos son verbales o físicos. El abuso verbal afecta la esencia del alma. La persona que acuñó la frase: «Los golpes físicos pueden romperme los huesos, pero las palabras nunca me harán daño», probablemente nunca fue lastimada. Encontré una referencia a ese dicho en una revista de 1862 (en *The Christian Recorder*, marzo de 1862). En esa revista se la conocía como «un viejo adagio», por lo que claramente ha existido por mucho tiempo. Por familiar que parezca, nada de lo que afirma es cierto. Las palabras lastiman. Las palabras pueden herir y destruir. Las palabras pueden convertirse en etiquetas que usamos alrededor de nuestro cuello, creyendo que eso es lo que somos. Hace poco le pedí a un pequeño grupo de mujeres que hablaran sobre las etiquetas que emplean. Estuvieron calladas por un rato, así que esperé. Luego, mientras hablaban, entendí su reticencia a hablar.

Divorciada

Madre soltera

Gorda

Fea

Vieja

Adúltera

No deseada

Loca

Esas hermosas mujeres habían permitido que las palabras crueles e irreflexivas de otra persona construyeran una prisión en la que ahora vivían. Las etiquetas pueden informarnos o pueden confinarnos. Todos pasamos por momentos difíciles; no conozco a una sola persona que, al reflexionar en su vida, imaginara que las cosas se desarrollarían como en efecto lo hicieron. Pero como decía el artículo del blog, no eres lo que te sucedió. Cuando permites que una etiqueta se convierta en la *verdad* más grande acerca de ti, te has perdido la gloriosa *redención* que Cristo compró para ti en la cruz.

Redención suena como una palabra para los tiempos antiguos, pero su significado es poderoso. Imagínate que has cometido un delito y que se está pidiendo un precio de diez millones de dólares para que se te otorgue una fianza. Imposible. Muy pocas de nosotras podríamos llegar a tener esa cantidad de dinero. Lo que Cristo hizo fue mucho más grande que pagar nuestra fianza. No solo cubrió esa fianza, sino que tomó nuestro lugar como transgresores. En una situación tan desesperada, las puertas de la prisión se abrieron de golpe y nos informaron que estábamos libres. Cuando depositas tu confianza en Cristo, la etiqueta que te define es: hija de Dios. Sí, podemos estar divorciadas o con sobrepeso, podemos luchar contra una enfermedad mental o tener cicatrices en nuestras caras, pero ninguna de esas cosas nos define. Al contrario, al igual que mi valiente amiga que se sentó en una conferencia de mujeres, las mismas cosas que pensamos que nos descalificarían se convierten en lo que nos recuerda diariamente la gracia de Dios.

Mientras miraba a los ojos de esas queridas damas, les pedí que escribieran las etiquetas —que las habían definido anteriormente— en un pedazo de papel y que las enrollaran. Luego les di a cada una de ellas una lámpara de papel biodegradable (no queremos dañar el planeta) y les pedí que pegaran el papel en el interior de la lámpara, lo que yo también hice. Oré por cada mujer y la presenté ante Cristo, pidiéndole que Él nos enseñara a todas lo que realmente somos. Luego salimos y encendimos las diminutas llamas que había en el interior de cada lámpara —lo que las elevaría al cielo—, y las dejamos ir. Mientras se elevaban por encima de los árboles y los tejados, leí algunos versículos de las Escrituras que había preparado para ese día.

> El SEÑOR tu Dios está en medio de ti
> como guerrero victorioso.
> Se deleitará en ti con gozo,
> te renovará con su amor,
> se alegrará por ti con cantos (Sofonías 3:17).

Cuando permites que una etiqueta
se convierta en la *verdad*
más grande acerca de ti,
te has perdido la gloriosa
redención
que Cristo compró
para ti en la cruz.

¿Puede una madre olvidar a su niño de pecho,
    y dejar de amar al hijo que ha dado a luz?
Aun cuando ella lo olvidara,
    ¡yo no te olvidaré! (Isaías 49:15).

Así que de ahora en adelante no consideramos a nadie según criterios meramente humanos. Aunque antes conocimos a Cristo de esta manera, ya no lo conocemos así. Por lo tanto, si alguno está en Cristo, es una nueva creación. ¡Lo viejo ha pasado, ha llegado ya lo nuevo! (2 Corintios 5:16-17).

Sabía que se necesitaría más que un simple lanzamiento de lámparas de papel para erradicar los mensajes que se habían arraigado tanto en todas nosotras, pero fue un comienzo. A medida que he trabajado con este libro y orado, me ha quedado muy claro que la forma en que avanzamos no es con un gran salto, es un paso a la vez. Queremos ese salto, deseamos que todo cambie en grandes formas que sean reconocibles y significativas, pero el progreso duradero no suele suceder de esa manera. No solo eso, cuando esperamos el gran salto podemos perder el progreso que se produce poco a poco, cada día, con cada paso sencillo. Recuerdo que una amiga me contó acerca de uno de sus viajes. Es una fotógrafa ávida, todos los días se encontraba en la cubierta de su embarcación esperando ver una ballena. Una mañana, notó a un pequeño pingüino haciendo un baile gracioso sobre una capa de hielo. Así que dijo: «Todo este tiempo he estado esperando una ballena y lo que este pequeño dice es: "¡No te pierdas esto!"».

No te pierdas los pasos sencillos. No pienses que no cuentan. Para mí, dar un paso a la vez se ha convertido en un acto de adoración cotidiano. Es alinear mi corazón y mi mente con lo que Dios dice que soy. Me encantaría decir que —a esta etapa de mi vida—, ya llegué; pero todavía estoy en esta marcha con ustedes.

Entiende a la verdadera tú

¿Alguna vez te has preguntado por qué respondes de cierta manera cuando te encuentras en una situación particular? Es posible que te enojes por cosas insignificantes y te preguntes de dónde surgió eso, o quizás una frase de una película o una canción te afectan en lo profundo y te encuentras muy emocional. Mostré esa clase de reacción exagerada una vez ante mi esposo; fue algo muy difícil y confuso para ambos, hasta que empecé a entender dónde comenzó todo. Empezó cuando yo tenía cinco años.

Es difícil creer que lo que me sucedió siendo una pequeña de cinco años todavía pueda proyectar su sombra muchos años después, pero así es. La forma en que se manifiesta es que, en ciertas circunstancias, me vuelvo injustificadamente miedosa. Barry me pedía que le explicara por qué estaba temerosa, para que él pudiera entender. El problema era que ni yo misma lo entendía.

Ese miedo surgía más a menudo mientras Barry y yo andábamos en el auto. Sé que en la mayoría de los matrimonios, se hacen chistes sobre cómo manejan el uno y el otro. Sin embargo, para mí eso no era nada chistoso, ni tampoco para él. Permítanme aclararles esto: Barry es un muy buen conductor. No es imprudente ni distraído. A pesar de ello, cuando él conducía mi estómago se contraía. Me aferraba a mi asiento o hacía ruidos como si me estuviera preparando para un choque. Como puedes imaginar, eso lo molestaba, lo enloquecía. Por eso, muchas veces me pedía que manejara yo, solo para conseguir la paz. Realmente me molestaba porque sabía que mi reacción lo había lastimado, pero parecía que no podía controlar eso. Entonces él comenzó a notar algo. Si estábamos fuera de la ciudad y conducía alguno de nuestros anfitriones, no me mostraba nerviosa. ¡Es difícil para un marido no tomar eso en lo personal! Comencé a pedirle a Dios que me ayudara a entender por qué respondía de esa manera. ¿Por qué no podía confiar en la única persona que se comprometió a amarme por toda la vida?

La respuesta fue sorprendente. El hecho de que Barry es la persona en la que más confío en este mundo fue precisamente el problema. Antes que él, ese puesto lo ocupaba mi papá. A pesar de que, como adulta, entendí que fue una lesión cerebral la que causó la ira de mi padre contra mí, mi último encuentro con él fue de vida o muerte. No tengo ninguna duda de que si hubiera podido ponerme su bastón en mi cabeza, me habría matado. Lo detuve haciéndole perder el equilibrio.

Claramente cuando era niña, aprendí que la persona que más amas es la que puede ser potencialmente la más peligrosa. Después de todos estos años, dos seminarios y dos décadas de hablar en conferencias para mujeres, todavía no había conectado la forma en que reaccionaba ante mi amoroso esposo con el dolor de mi pasado. Me encantaría decir que una vez que entendí eso todo mejoró, pero es algo con lo que lucho hasta el día de hoy.

Hace un par de semanas, Barry entró en nuestra habitación mientras yo estaba doblando la ropa y me tendió el teléfono, que había dejado en la cocina. Pensó que iba a hacerme una gracia. En vez de darme mi teléfono, intentó agarrar mi mano y acercarme a él. No le salió bien. Francamente me asustó. Mi corazón quería salírseme del pecho cuando me senté en la cama y lloré como una pequeñuela.

La forma en que mi familia afrontaba las cosas era fingiendo que no había pasado nada. Nunca hablamos acerca de mi papá, nunca mencionamos su nombre. Aunque todavía siento momentos como ese, entender por qué reacciono de la manera en que lo hago me ha ayudado a llevar esa parte estropeada de mí, a la luz sanadora de la presencia de Cristo. Ahora, hablo con Él sobre eso. He tenido que llevar a la pequeña niña que tengo en mi interior ante Jesús una y otra vez, y pedirle que la ayude. Puede que te parezca un poco extraño, pero servimos al Dios que estuvo presente todos los días pasados, está hoy con nosotras y estará con nosotras en todas nuestras mañanas. Él nos invita a presentarle todo lo que éramos, lo que somos y lo que esperamos ser. Si has sido afectada por el abuso en tu pasado, busca una fotografía tuya a esa edad (si tienes una) e infórmale a tu pequeña niña interior que Cristo y tú saben que Él la restauró. Tal vez quieras recordarle esta extraordinaria verdad con lo que expresó el salmista:

> Tú creaste mis entrañas;
>   me formaste en el vientre de mi madre.
> ¡Te alabo porque soy una creación admirable!
>   ¡Tus obras son maravillosas,
>   y esto lo sé muy bien!
> Mis huesos no te fueron desconocidos

cuando en lo más recóndito era yo formado,
cuando en lo más profundo de la tierra
era yo entretejido.
Tus ojos vieron mi cuerpo en gestación:
todo estaba ya escrito en tu libro;
todos mis días se estaban diseñando,
aunque no existía uno solo de ellos.
¡Cuán preciosos, oh Dios, me son tus pensamientos!
¡Cuán inmensa es la suma de ellos!
Si me propusiera contarlos,
sumarían más que los granos de arena.
Y, si terminara de hacerlo,
aún estaría a tu lado (Salmos 139:13-18).

Ama a los quebrantados

Es un poco inusual ver un rostro masculino en una actividad de mujeres, pero ahí estaba él, a diez filas del frente. Me pregunté si su esposa le habría jugado una broma y le había dicho que era una conferencia para hombres; y que ahora estaba encerrado en un grupo de bellezas. Firmé libros y hablé con mujeres durante aproximadamente una hora después, y vi que él estaba esperando para hablar conmigo, con el lado derecho de su cara contra la pared. Cuando la última mujer se fue, se acercó a mí y se presentó con su hija que estaba con él.

Se tocó el lado derecho de la cara, que tenía una gran cicatriz, y me dijo con voz débil y áspera que a los quince años había intentado suicidarse. Puso un arma cargada debajo de su barbilla y se disparó. Dijo que en el milisegundo transcurrido entre apretar el gatillo y que la bala entrara en su cráneo, escuchó a Cristo preguntarle si quería vivir. Él le dijo que sí.

Ahora tenía unos cuarenta años y seis hijos, entre los que estaba la hermosa joven que lo acompañaba. Me sentí abrumada por su historia. Me he sentado y llorado con algunas familias cuando un ser querido se ha quitado la vida, pero nunca con alguien que realmente tenía la intención de morir y vivía para contar su historia. Me dijo que la bala todavía está alojada en su cráneo, ya que es demasiado peligroso quitarla, por lo que su voz está permanentemente dañada. Le pregunté si eso era un duro recordatorio de su pasado. Me informó que era todo lo contrario. Me dijo que eso es un recordatorio diario de la gracia y la misericordia de Dios. Que ha aprendido a amar el quebrantamiento en sí mismo y presentarlo a Cristo. Que planea iniciar un acercamiento a los jóvenes que podrían estar en la misma situación en la que él estaba cuando tenía quince años.

La verdad sobre nuestras vidas es que todos estamos rotos. Es más obvio cuando la cicatriz está en la piel y no en el alma, pero aun así estamos destrozados. La decisión que debemos tomar es si ocultamos esa ruptura o si se la llevamos a Cristo.

Siempre me ha gustado la historia de *El conejito de pana* (o *Cómo se convierten los juguetes en seres reales*). Me identifiqué con él antes de saber por qué me encantaba. Ahora sé que había algo que anhelaba en aquella idea de que una vez que te vuelves *real*, nunca puedes ser fea, excepto para aquellos que no entienden las cosas. Quería ser real, pero temía que la verdadera yo fuera fea y decepcionante. Para Cristo, nunca somos feas ni decepcionantes; somos amadas.

La razón por la que me encantó el salto de duende que hizo Barry para llegar al otro lado de la calle, aparte del glorioso espectáculo de todo ello, es que no habría podido hacerlo unos años atrás. Era objeto de burlas y hostigamiento en la escuela porque era más bajito que los otros niños de su grado. Su crecimiento repentino ocurrió cuando estaba en la universidad, pero para entonces los mensajes negativos ya estaban grabados en su alma. No le interesaba sobresalir; ni trataba de integrarse. Además de eso, su mamá y su papá eran sobreprotectores y le enseñaron que el mundo no es seguro. En los primeros años de nuestro matrimonio, Barry me ocultó sus ataques de pánico. Le avergonzaba sentirse tan descontrolado. Luego, cuando se sintió capaz de informarme y ayudarme a entender el asunto, no quería que Christian lo supiera. Creo que es más difícil para el hombre, que para la mujer, admitir que se siente débil. Curiosamente, en los últimos meses, las cosas de las que tratamos de proteger a nuestro hijo han sido las mismas que nos han acercado como familia.

Una noche, cuando Christian vino a casa desde la universidad, nos habló acerca de algunos de sus amigos que estaban luchando contra la depresión y la ansiedad, pero temían decírselo a sus padres por miedo a que no entendieran el problema. Entendí que estaba tratando de arreglar las áreas que le correspondían resolver a Cristo. ¿Cómo le estaba ayudando a saber a quién recurrir en caso de que requiriera ayuda? Esa noche, Barry y yo le contamos a nuestro hijo que descubrimos lo reales que somos. Recibió aquello como si le hubiéramos dado un regalo. Supongo que lo hicimos. Cristo es el único que nos hace *reales*.

En el desarrollo de nuestro crecimiento personal, la sanidad más grande que Barry y yo experimentamos se produjo al poder llevar todo lo que somos, uno ante el otro y ante Cristo. Nos hemos dicho lo peor que nos han dicho sobre nosotros mismos, lo peor que hemos creído, y hemos aprendido a reírnos de nosotros mismos. Mientras lo observaba saltar por aquella concurrida calle de Nueva York me reí no solo porque era una tontería, sino porque Barry se sentía bien manifestando todo lo ridículo que había en él. En esta etapa de la vida, los dos entendemos que nunca seremos perfectos, nunca seremos todo lo que el otro podría haber querido en un cónyuge, y eso está bien. Está más que bien, es un regalo. Cuando te das cuenta de que no tienes que tenerlo todo, también puedes darles esa libertad a los demás. Comprender que Cristo es el *héroe* de nuestras historias nos permite ser *humanos*.

Uno de los versículos que ha sido vital para los dos es el que se encuentra al principio de este capítulo:

> Estoy convencido de esto: el que comenzó tan buena obra en ustedes la irá perfeccionando hasta el día de Cristo Jesús (Filipenses 1:6).

Comprender que Dios es el que nos llevará a todos a casa nos permite disfrutar del trayecto.

Comprender que Cristo

es el *héroe*

de nuestras historias

nos permite ser

humanos.

Confía en que el verdadero Dios termine la obra en la verdadera tú

Cuando tenía dieciséis años, me ofrecí como voluntaria en un ancianato dos noches a la semana y los sábados. Mis responsabilidades eran bastante básicas. Cambiar la ropa de cama, limpiar los baños y preparar té. Me encantó y me encariñé mucho con varios de los residentes. Me dio tristeza que algunos de ellos nunca tuvieran visitas, así que inscribí a mi madre y a mi hermana como visitantes.

Una noche, una enfermera me dio un plato de sopa para que se lo llevara a un paciente que había estado dormido durante la cena. Cuando salí de la estación de enfermeras me di cuenta de que ella no me había dado una cucharilla, así que regresé a la cocina para conseguir una. Al pasar frente a la estación de enfermeras escuché este comentario: «No sé qué haremos la próxima semana. Dos de las enfermeras están quebrantadas y una está de vacaciones. ¿Quién va a trabajar aquí?».

No pensé mucho en eso porque tenía que conseguirle la cucharilla a «Fred», así que entré en la cocina y agarré una. Cuando pasé por la estación en el camino de regreso, escuché: «No te preocupes, Sheila se encargará. Ella puede hacer eso sola».

Me asusté totalmente. Le di su sopa a «Fred» y volví a la estación de las enfermeras. Toqué la puerta intrigada y, cuando me invitaron a entrar, les dije bruscamente: «Lo siento mucho. Me encanta ser voluntaria aquí y lo hago genuinamente. Pero no puedo hacerlo todo sola. ¡Solo tengo dieciséis años!»

Como adivinarás, me eché a llorar. Bueno, como puedes imaginarte, había escuchado partes de dos conversaciones y supuse lo demás. De hecho, se me había encomendado que le diera la sopa a «Fred», no que me encargara de todo el ancianato. Fue todo un alivio.

A veces vivimos como si toda la responsabilidad de este trayecto cristiano dependiera de nosotras y fuera abrumador. Vemos lo que está mal y en qué fallamos y pensamos que nunca llegaremos a casa. Cuando Pablo escribió a la iglesia de Filipos, les recordó a ellos, y a nosotras, que fue Dios el que comenzó la obra. No solo eso, les recordó que Dios continuará haciéndolo hasta el día en que finalmente estemos en casa con Cristo.

Es útil notar que cuando Pablo escribió esa carta, estaba preso y vivía a la sombra de una posible ejecución. No la estaba escribiendo desde una cómoda silla a orillas del mar; estaba encadenado y, sin embargo, el mensaje permanece: Dios tiene el control. La palabra que Pablo usa para *certeza* es el vocablo griego *peitho*, el más fuerte que pudo haber usado para describir su absoluta convicción de lo que estaba a punto de expresar. Toda la Escritura aclara una cosa: cuando Dios comienza algo, ya tiene el final a la vista. Si eres como yo, comenzaste proyectos que nunca terminaste, pero Dios nunca hizo eso. Él es el Alfa y la Omega, el principio y el fin. Estamos a salvo con su cuidado. Cuando Jesús se describió a sí mismo como el Buen Pastor, dejó claro que nadie nos aleja de Él:

> Mis ovejas oyen mi voz; yo las conozco y ellas me siguen. Yo les doy vida eterna, y nunca perecerán, ni nadie podrá arrebatármelas de la mano. Mi Padre, que me las ha dado, es más grande que todos; y de la mano del Padre nadie las puede arrebatar. El Padre y yo somos uno (Juan 10:27-30).

En casa, tengo estantes llenos de comentarios de la Biblia, y una de mis series favoritas es *Black's New Testament Commentaries*. Marcus Bockmuehl escribió el comentario sobre la Carta de Pablo a los Filipenses, y me encanta cómo despliega la verdad de Filipenses 1:6:

> En todo esto, la confianza de Pablo no está en el cristianismo de los cristianos, sino en la deidad de Dios, que es sumamente confiable, capaz y comprometido a terminar la obra que ha comenzado.[2]

¿No te gusta eso? Nuestra confianza no se basa en si tú o yo estamos haciendo un buen trabajo sino en Dios, el Padre, que es fiel para terminar lo que empezó. Puedes descansar en eso. Puedes guardarlo. Cuando estés harta de ti misma y sientas que nunca *progresarás* realmente, recuérdate, no depende de mí, depende de mi Padre, que *nunca falla*.

Augustus Toplady resumió esta gran verdad en su himno «Deudor a la misericordia»:

Cuando estés harta de ti

misma y sientas que nunca

progresarás realmente,

recuérdate, no depende de mí,

depende de mi Padre,

que *nunca falla.*

La obra que comenzó su bondad,
El brazo de su fuerza lo completará;
Su promesa es sí y amén.
Y nunca incumplida fue.

Un paso más

Estoy sentada ante la mesa del comedor de nuestra casa en Dallas. Barry y yo llevamos a nuestros tres perros a pasear y, a mitad de camino, los cielos se abrieron y se precipitó una tremenda lluvia, por lo que ahora está arriba tratando de secar tres perros muy enfadados. Estoy sentada aquí pensando en ti y orando por ti. No sé qué cosas difíciles sucedieron en tu vida ni si hicieron que te escondieras. No sé qué etiquetas has usado ni qué tan profundamente arraigados están esos mensajes. Lo que le pido a Dios es simplemente esto:

Padre:

¿Le darías a ella (o a él) la gracia de eliminar esas etiquetas? ¿Les ayudarías a analizar detenidamente lo que han creído acerca de sí mismos, para entonces ayudarles a verse a sí mismos como tú los ves: amados, conocidos, aceptados? Sabemos que no estamos bien, pero debido a lo que has hecho por nosotros, estamos más que bien: estamos redimidos. Ayúdanos cada día a dar un paso más hacia todo lo que es verdadero y a alejarnos un paso más de las mentiras que hemos creído. Ayúdanos a dar un paso más, cada día, que nos acerque a ti.

En el nombre de Cristo,
Amén

Un paso a la vez

Avanza cada día

1. «Esto significa que todo el que pertenece a Cristo se ha convertido en una persona nueva. La vida antigua ha pasado; ¡una nueva vida ha comenzado!» (2 Corintios 5:17, NTV).

   Me encanta la palabra *comenzado*. Porque habla de algo nuevo, algo que avanza, que da el siguiente paso. Porque planta alegría en tu corazón. Tienes que comenzar de nuevo... una y otra vez... y otra vez.

   Ahora, tratemos con las etiquetas que has usado. ¿Cómo crees que te ven los demás? ¿Eres...

   una madre soltera?
   un padre divorciado?
   alguien que tuvo una aventura?
   adicto al alcohol?
   gorda?
   rechazada?
   un fracaso financiero?
   un lío?
   cristiana solamente los domingos?
   amiga de «todo lo que se trate de ti»?

   Cualquiera que sea la etiqueta que hayas usado hasta este momento, ¿estás dispuesta a dejarlas? ¿Estás lista para identificarte en Cristo? Declara estas verdades sobre tu vida:

   Soy vencedora.
   Puedo hacer todas las cosas a través de Cristo que me da fuerza.
   Soy parte de la familia real del cielo.
   Soy una nueva creación.
   Tengo un futuro y una esperanza.

Tal como soy, ahora mismo, soy completamente amada por Dios.

2. ¿Te das cuenta de que antes de que nacieras, Dios te conocía y te amaba? Esto es lo que David escribe:

> Tú creaste mis entrañas;
> me formaste en el vientre de mi madre.
> ¡Te alabo porque soy una creación admirable!
> ¡Tus obras son maravillosas,
> y esto lo sé muy bien!
> Mis huesos no te fueron desconocidos
> cuando en lo más recóndito era yo formado,
> cuando en lo más profundo de la tierra
> era yo entretejido.
> Tus ojos vieron mi cuerpo en gestación:
> todo estaba ya escrito en tu libro;
> todos mis días se estaban diseñando,
> aunque no existía uno solo de ellos.
> ¡Cuán preciosos, oh Dios, me son tus pensamientos!
> ¡Cuán inmensa es la suma de ellos!
> Si me propusiera contarlos,
> sumarían más que los granos de arena.
> Y, si terminara de hacerlo,
> aún estaría a tu lado (Salmos 139:13-18).

Medita en estos versículos. Cada día de tu vida, antes de que empezaras a respirar, ya Dios te conocía y te amaba. Busca la foto más joven de ti que puedas encontrar. Si no tienes una que sea de cuando eras bebé, escribe en tu diario el día que naciste y anota lo que sigue: «Fui conocida y amada antes de esto».

La gran esperanza para avanzar es la siguiente: Si tienes pulso, siempre que no haya una marca de tiza blanca alrededor de tu cuerpo, nunca es demasiado tarde para comenzar de nuevo... y volver a empezar.

Conclusión

Fuiste hecha para más

Sin embargo, considero que mi vida carece de valor para mí mismo, con tal de que termine mi carrera y lleve a cabo el servicio que me ha encomendado el Señor Jesús, que es el de dar testimonio del evangelio de la gracia de Dios.

—Hechos 20:24

«¿Volver?», pensó. «No es bueno en absoluto. ¿Ir de lado? ¡Imposible! ¿Avanzar? Es lo único que hay que hacer. ¡Vamos!».

—J. R. R. Tolkien, *El hobbit*

En Escocia, todas las escuelas secundarias de cada ciudad se reunían en primavera para celebrar el día del deporte. Era un gran evento. Todos los padres asistían y se sentaban en las gradas y, al final del día, el alcalde de nuestra ciudad presentaba medallas y una copa para la escuela ganadora y para los atletas individuales. Por desdicha, la participación en mi escuela no era opcional.

No soy una persona orientada a los deportes. Considero un breve trote a la cafetera en la mañana, como algo merecedor de algún tipo de reconocimiento. Como adolescente no pude encontrar ningún deporte en el que pudiera destacar, pero lo más desafiante de todo fue la pista.

Correr me parecía innecesario, a menos que estuviera a punto de perder el autobús.

Nuestra escuela estaba dividida en cuatro casas, cada una de un color diferente. La mía era la azul y reflejaba mis sentimientos cada día del deporte. Todos los estudiantes debían competir en al menos una de las carreras de pista. Los doscientos metros eran una carrera rápida y uno tenía que ser capaz de despegar como una bala y mantener ese ritmo hasta que cruzara la línea de meta. Pero yo no era ninguna bala. La carrera de relevos requería de los cuatro corredores más fuertes que hubiera, de modo que yo tampoco servía para eso. Los dos mil metros demandaban resistencia, lo que en mí escaseaba, por lo que cada año mi equipo me asignaba a la carrera de quinientos metros. No tenías que ser súper rápida ni tener mucha resistencia; solo tenías que empezar, seguir y terminar. Hacía eso todos los años. Empezaba, seguía adelante, pero terminaba última. Qué bueno habría sido que un año hubiera terminado en segundo lugar, pero no estaba destinada a eso. Aun así, mi madre me animaba fielmente mientras caminaba sobre la línea de meta. Mis compañeros de equipo eran menos efusivos. «¡Quédate con el canto!», me decían.

A Barry tampoco le interesaba la categoría atlética, razón por la cual nos sorprendió descubrir que a nuestro hijo sí le encantaba. Jugó futbol americano y balompié en la escuela secundaria y ahora, en la universidad, es buzo certificado y un esquiador muy competente.

En nuestro primer viaje familiar a esquiar, Barry y yo aprendimos una lección importante. Hay momentos en la vida en los que el único lugar al cual ir es adelante, aun cuando todo dentro de ti te grite que regreses. Había visto a la gente esquiar en televisión y parecía fácil. Todo lo que uno tiene que hacer es apuntar los esquíes cuesta abajo y lanzarse. No solo eso, la ropa es tan linda. Así que, cuando Christian tenía diez años fuimos a Colorado en las vacaciones de primavera. Como era la primera vez que estábamos en unas colinas como esas, nos inscribimos para recibir unas clases. Christian aprendió de inmediato. Era audaz, por eso el instructor lo autorizó a unirse a algunos de sus amigos de la escuela, que también estaban vacacionando allí; en el primer nivel, el de las pistas verdes.

Encontré las instrucciones para principiantes un poco desafiantes. El instructor me decía constantemente que hiciera como una porción triangular de pizza con mis esquís, pero las mías se parecían más a una pizza deforme. Pensé que estaba luchando porque la colina era muy poco profunda. Después de todo, la gente que veía en los Juegos Olímpicos de Invierno se lanzaba cuesta abajo, no de lado a lado. Barry concordó con eso. La pendiente del principiante no era para nosotros; fuimos hechos para más. Al final de la clase, el instructor sugirió que nos inscribiéramos en otra lección para el siguiente día y otra al otro día. Le agradecimos y le dijimos: «Lo tenemos». Estábamos listos. Era hora de las grandes ligas.

Hicimos fila para abordar una telesilla con la confiada esperanza de que pronto estaríamos deslizándonos por la pendiente, yo con mi atuendo rosado y blanco; y Barry, todo estadounidense, como la bandera.

Subir a una telesilla es algo desafiante. No se detiene para que subas, lo que me pareció mal. Tienes que atraparla cuando aparece detrás de ti, sentarte, bajar la barra de seguridad y aguantarte. Bueno, lo logramos. El paisaje en el trayecto era impresionante. Todavía era temprano y muchas de las colinas estaban intactas. La nieve resplandecía como los diamantes al sol. Barry mantenía los ojos cerrados todo el tiempo. Pensé que estaba orando, pero más tarde descubrí que le teme a las alturas. Eso debió haber sido una pista.

«¿No sería asombroso que realmente seamos buenos en esto?», dije mirando a un esquiador solitario que descendía graciosamente por la montaña.

«¡Claro que lo sería!», concordó él con los ojos todavía cerrados. «Si hubiéramos resuelto esto antes en la vida, quién sabe dónde estaríamos ahora».

Ahora lo sé. Estaríamos con un yeso de cuerpo completo.

Si pensaba que subir a la telesilla era un reto, no me imaginaba cómo sería bajarme de ahí. Vi a la gente que estaba delante de nosotros cuando llegaron a la cima.

«¡Solo esquiamos!», le dije a Barry. «¡Tendrás que abrir los ojos! No te dan mucho tiempo».

En el momento en que puse mis esquíes en la nieve y la silla se movió, caí de bruces; lo que hizo que el desembarque para la pareja que estaba detrás de nosotros fueran un desafío. Cayeron encima de mí cuando intenté arrastrarme para salir. Se levantaron de inmediato y se alejaron, murmurando algo acerca de los «esquiadores novatos». Barry no se cayó pero tampoco se detuvo. Esquió de cabeza en un bote de basura y aterrizó sobre su espalda. Me arrastré hacia él, con los esquíes enredados. No fue el mejor comienzo para ninguno de los dos.

«Quítatelos. Ya lo tenemos», le dije. «Tiene que ser sencillo porque nadie te dice cómo subir y bajar de esa cosa. Esquiar será mucho más fácil».

Posamos para un par de fotografías con los bastones en la mano, las gafas de esquí puestas, muy parecidas a los... Olímpicos. Con los dos esquíes puestos otra vez, me uní a Barry para mirar el letrero que informa cuáles pistas estaban disponibles desde ese punto en la montaña. Unas estaban marcadas en azul y parecían más difíciles. Decidimos que, aunque probablemente podríamos arreglárnoslas, comenzaríamos en una pista verde. Nos preparamos para una llamada Red Buffalo. Se oía bien. Así como el búfalo corre por la llanura, nosotros también empezaríamos esta carrera para la que nacimos.

Estuvimos en la cima de la carrera por un momento mirando hacia abajo. Era bastante empinado. Aun así, grandes grupos de chicos despegaban sin esfuerzo por la colina y ni siquiera tenían bastones. Así que respiré hondo, sonreí a Barry e incliné los esquís cuesta abajo.

Descubrí que era veloz, después de todo. Despegué a una velocidad tan ridícula, cuesta abajo, que fue cuando me di cuenta de que nunca había preguntado dónde estaban los frenos. (Sí, ahora sé que no los hay.) Así que hice lo único en lo que podía pensar, caerme. Aterricé con fuerza sobre la nieve, mis gafas volaron por un lado, un esquí y los bastones por otro. Oí a una niña gritar, así que me volteé y me di cuenta de que era Barry. Se dirigía directamente hacia mí. Por la expresión de horror absoluto en su rostro, era claro que su primer intento no fue mejor que el mío. Me preparé para el golpe. Me estrellé y rodé un poco más abajo de la colina. Me quité el esquí que me quedaba y me arrastré para ver si él todavía estaba vivo.

—¿En qué estábamos pensando? —dijo, una vez que contuvo el aliento—. No podemos hacer esto. No somos esquiadores. Preferimos un tranquilo río.

—Espera ahí —le dije—. Tengo que recuperar mis cosas.

Dejé el esquí que salvé con él y me arrastré de vuelta a la colina, esquivando a los esquiadores enojados por todo el camino. Encontré el esquí perdido y mis bastones, pero mis gafas desaparecieron. O alguien las había recogido o ahora estaban enterradas en la nieve. Las descarté como daño colateral y me arrastré hasta donde Barry estaba acostado de espalda.

— ¿Qué vamos a hacer? —dije—. Estamos a medio camino de la montaña. No podemos gatear todo el camino de vuelta. Tenemos que bajar.

—¿Hay algún autobús? —preguntó.

—Barry, estamos en una montaña, no en un centro comercial. Tenemos que bajar.

—¿Qué hay con el equipo de rescate? —sugirió.

—Es para las personas que están heridas, no para las que son estúpidas.

Ahora bien, sé que si sabes esquiar, esto te ha de parecer ridículo, pero realmente estábamos aterrorizados. Fue un largo camino hacia abajo, y la errónea confianza que teníamos arriba se perdió con mis gafas.

—Nos quedamos aquí entonces —dijo—. Christian hará que envíen un grupo de búsqueda si no regresamos.

—¿Quieres que un chico de diez años tenga que buscar ayuda porque su mamá y su papá están atrapados en la mitad de una colina para principiantes? —le pregunté—. De ninguna manera. Tenemos que hacerlo nosotros. Tenemos que ponernos los esquíes y ayudarnos mutuamente para bajar la montaña.

Es difícil ponerse los esquíes cuando estás en una colina, pero al fin nos los pusimos y lentamente; es decir, poco a poco, yendo de un lado a otro a través de la colina, por fin llegamos abajo. Cuando nos reunimos con Christian, sus amigos y los padres de estos un poco más tarde, él estaba radiante.

—¡No fue tan asombroso! —dijo.

—Sí… nosotros estamos asombrados —dije.

—Nos asombra que todavía estemos vivos —murmuró Barry.

Tuvimos la suerte de terminar ese viaje con solo unos rasguños y los egos heridos, pero me llevé algo de esa experiencia que ha comprobado ser cierta una y otra vez. Hay momentos, incluso temporadas en la vida, cuando tienes que ponerte en una dirección y luchar, no importa lo difícil que sea, para lograr algo. Infiero que esto es cierto en mi caminar con Cristo. Es fácil creer y dar el siguiente paso cuando las cosas van bien, pero cuando te encuentras en un aprieto entre lo que eras antes y lo que quieres ser en Cristo, eso puede constituirse en una batalla espiritual. Piensa en Pedro al salir del barco en pleno mar agitado. Tal vez, como yo, pensó: «Lo tengo», pero la lección que aprendió esa noche le enseñó más acerca de la suficiencia de Cristo que de la de él mismo.

En la madrugada, Jesús se acercó a ellos caminando sobre el lago. Cuando los discípulos lo vieron caminando sobre el agua, quedaron aterrados.

—¡Es un fantasma! —gritaron de miedo.

Pero Jesús les dijo en seguida:

—¡Cálmense! Soy yo. No tengan miedo.

—Señor, si eres tú —respondió Pedro—, mándame que vaya a ti sobre el agua.

—Ven —dijo Jesús.

Pedro bajó de la barca y caminó sobre el agua en dirección a Jesús. Pero, al sentir el viento fuerte, tuvo miedo y comenzó a hundirse. Entonces gritó:

—¡Señor, sálvame!

En seguida Jesús le tendió la mano y, sujetándolo, lo reprendió:

—¡Hombre de poca fe! ¿Por qué dudaste?

Cuando subieron a la barca, se calmó el viento. Y los que estaban en la barca lo adoraron diciendo:

—Verdaderamente tú eres el Hijo de Dios (Mateo 14:25-33).

Pedro tuvo que luchar constantemente con lo que sabía que era y con lo que deseaba ser como discípulo de Cristo. Todas estamos familiarizadas con aquella noche en la que él traicionó a Cristo, pero es fácil pasar por alto lo que Jesús le dijo unas horas antes. Veamos:

«Simón, Simón, mira que Satanás ha pedido zarandearlos a ustedes como si fueran trigo» (Lucas 22:31).

Como podemos ver, queda claro que Satanás había pedido que se zarandeara, en plural, a los discípulos; pero Cristo había orado por Pedro, en singular, como se refleja a continuación:

«Pero yo he orado por ti, para que no falle tu fe. Y tú, cuando te hayas vuelto a mí, fortalece a tus hermanos» (Lucas 22:32).

En esencia, Cristo le estaba diciendo a Pedro: «Tendrás que luchar por tu fe. No va a ser fácil, pero cuando te arrepientas y te vuelvas, ayuda a tus hermanos para que sean más fuertes».

Me encanta el hecho de que, después de la resurrección, Cristo le preguntó a Pedro tres veces si lo amaba. Tres veces negó hasta conocer a Cristo, pero esa mañana en la playa se le dio la oportunidad de declarar públicamente su amor tres veces.

Cuando terminaron de desayunar, Jesús le preguntó a Simón Pedro:
—Simón, hijo de Juan, ¿me amas más que estos?
—Sí, Señor, tú sabes que te quiero —contestó Pedro.
—Apacienta mis corderos —le dijo Jesús.
Y volvió a preguntarle:
—Simón, hijo de Juan, ¿me amas?
—Sí, Señor, tú sabes que te quiero.
—Cuida de mis ovejas.
Por tercera vez Jesús le preguntó:
—Simón, hijo de Juan, ¿me quieres?
A Pedro le dolió que por tercera vez Jesús le hubiera preguntado: «¿Me quieres?» Así que le dijo:
—Señor, tú lo sabes todo; tú sabes que te quiero.
—Apacienta mis ovejas —le dijo Jesús (Juan 21:15-17).

Algunos comentarios sugieren que la única razón por la que Jesús le preguntó a Pedro tres veces si lo amaba era para cancelar las tres negaciones que este hizo, pero pienso que hay más. Creo que Cristo estaba probando en qué nivel estaba Pedro en cuanto a su fe. ¿Seguía siendo el mismo pescador temerario y seguro de sí mismo que juró que nunca fallaría, o era ahora un hombre que sabía dónde yacía su fuerza: solo en Cristo?

Cuando Jesús le pregunta a Pedro «¿me amas?» las dos primeras veces, usa la palabra *agapaō*. De esta obtenemos el vocablo *ágape*, que representa el amor divino entre Dios y nosotros. Pedro responde con la acepción más débil de esa palabra, *phileō*, un término que describe el amor fraternal entre amigos. La tercera vez Cristo usa la palabra de Pedro —*phileō*— y este, afligido, responde que sí, que lo ama con un amor humano imperfecto. Desde esa posición de clara vulnerabilidad, Cristo comisiona a Pedro para que sea el que alimente a sus ovejas. Fue significativo que lo hiciera delante de los otros discípulos. Ellos sabían cómo había fallado Pedro. Conocían la conmoción y la agonía que causaba el hecho de que Cristo fuera crucificado y cómo lloraba amargamente Pedro por dejar a Jesús cuando más necesitaba de él. Ahora Cristo estaba diciéndoles a todos que Pedro sería el que iba a guiarlos. Él continúa para informar un poco, a Pedro, acerca de lo que le esperaba.

> De veras te aseguro que cuando eras más joven te vestías tú mismo e ibas adonde querías; pero, cuando seas viejo, extenderás las manos y otro te vestirá y te llevará adonde no quieras ir (Juan 21:18).

En su juventud, Pedro manejaba su vida como se le antojaba; pero ahora, en humilde y resuelto servicio a Jesús, sería llevado a donde nunca hubiera pensado. La historia de la Iglesia registra que efectivamente Pedro fue apresado y crucificado, pero el hombre que dijo que no sabía si Jesús vivía, había sido transformado. Mientras le estiraban los brazos para clavarlos en la cruz, Pedro pidió que lo crucificaran boca abajo, porque pensaba que no era digno de morir en la misma forma que murió su Señor y Salvador. Pedro perdió la confianza en sí mismo y, al contrario, se llenó de fe en el Cristo resucitado.

Más

Comencé este libro con la muy básica verdad de que está bien no estar bien. Jesús nos conoce y nos ama tal como somos, sintámonos débiles o fuertes. Pero quiero terminar animándote a luchar por más. Cada persona que encuentro en las Escrituras que estaba dispuesta a luchar con su fe, a luchar para saber más de Dios, fue transformada. Medita en el caso de Job. Veamos algo de su historia. Cómo luchó con Dios en medio de su dolor. No «fue indulgente», luchó duro. Dios lo elogió por negarse a estar callado. Job presentó todas sus quejas a Dios y, al final, dijo lo siguiente:

> De oídas había oído hablar de ti,
>   pero ahora te veo con mis propios ojos (Job 42:5).

Esa afirmación me desafió por años. La implicación era muy clara: ¿Lucharás por una fe propia o te conformarás con lo que todos te dicen acerca de Dios? En mis días más oscuros, en el suelo de mi habitación hospitalaria, en una sala de psiquiatría, opté por luchar. Como Pedro, me sentí afligida por mis propios fracasos. En mi adolescencia, solía caminar por la costa donde vivía en Escocia y le decía a Dios que aun cuando todos los demás le fallaran, yo nunca le fallaría. Ahora bien, fui llevada a un lugar al que nunca hubiera decidido ir, pero fue allí donde lloré en las cenizas de mi propio fracaso de tal modo que podría decir a la par de Job: «De oídas había oído hablar de ti, pero ahora te veo con mis propios ojos».

En ese momento, ya había sido cristiana por veinticinco años. Me había entrenado para el ministerio en un seminario. Me presentaba en un programa nacional de televisión todos los días durante cinco años y hablaba sobre el amor de Dios, pero todavía estaba viviendo en una prisión de vergüenza y miedo. Dios, en su misericordia, me llevó a una prisión para hacerme libre. Cuando ya no había nada que elogiar de mí, Jesús me preguntó: «Sheila, ¿me amas?» En el piso de aquella habitación le respondí: «Sí». Pero, ese no era un simple sí. Fue un sí empapado en lágrimas que expresaba que al fin entendía que nunca seré suficientemente apta. Nunca estaré bien, pero eso no era lo que me estaba preguntando. Él estaba preguntándome: «¿Me amas?» Considerar nuestras vidas y nuestro servicio a Cristo en base a si estamos bien o no es una manera de vivir que destruye el alma. Siempre estaremos dos pasos adelante y tres pasos atrás. Este es el asunto: Cristo pregunta: «¿Me amas?»

Nuestro comportamiento a menudo nos refrena porque nos desanimamos a causa de nuestros propios fracasos. No es así como Cristo nos ve o nos valora a ti y a mí. Al contrario, simplemente pregunta si lo amamos. Las reglas intentan modificar nuestro comportamiento, pero el amor —el amor de Dios—, cambia nuestros corazones. Cuando nuestros corazones son libres de amar profundamente —conscientes de que no estamos siendo juzgadas por cada fracaso—, nuestro comportamiento cambia. Cambia no porque tengamos que hacerlo, sino porque lo amamos tanto que queremos hacerlo. El amor de Cristo nos impulsa a dar el siguiente paso, y otro, y otro más. El asunto nunca se ha tratado de que nos comportemos mejor; sino de que estemos más enamoradas; y nada, nada, *nada* podrá separarnos de ese amor.

> Pues estoy convencido de que ni la muerte ni la vida, ni los ángeles ni los demonios, ni lo presente ni lo por venir, ni los poderes, ni lo alto ni lo profundo, ni cosa alguna en toda la creación podrá apartarnos del amor que Dios nos ha manifestado en Cristo Jesús nuestro Señor (Romanos 8:38-39).

Qué es lo que sigue

Gracias por hacer esta travesía conmigo. ¡Me enorgullezco de ti! Ciertos pasos pueden haber sido más fáciles de dar que otros, pero creo que los más difíciles tienen la mayor recompensa.

Cuando nuestros *corazones*

son libres de amar

profundamente —conscientes

de que no estamos siendo

juzgadas por cada fracaso—,

nuestro comportamiento

cambia.

Vale la pena luchar por ti.

Vale la pena luchar por tu fe.

Vale la pena luchar por Cristo.

Tendrás que repetir, una y otra vez, algunos pasos de este libro. Pero eso es bueno, porque cuando das un paso a la vez, avanzas cada día. Cuando pongas tu mano en la mano de Cristo y digas: «¡Sí!» —a los pequeños pasos y a los grandes—, nunca más volverás a ser la misma. ¡Es la mayor aventura de la vida!

Estoy convencido de esto: el que comenzó tan buena obra en ustedes la irá perfeccionando hasta el día de Cristo Jesús (Filipenses 1:6).

Agradecimientos

Gracias a Baker Publishing Group. Este es mi primer libro con tan prestigiosa editorial, por lo que estoy muy feliz de ser parte de la familia. Tienen una herencia y un compromiso muy ricos en cuanto a la edificación del cuerpo de Cristo con libros relevantes, perspicaces y atractivos. Me honra publicar con ustedes.

Estoy profundamente agradecida a mi editora, Rebekah Guzman. No solo fue un placer trabajar contigo, también lo fue el que seamos amigas. Gracias por tu arduo trabajo y tu valiosa información.

A Mark Rice, Eileen Hanson, Dave Lewis y todos los demás, en Baker, que participaron en este libro; gracias por creer en este mensaje.

A James y Betty Robison, agradezco el privilegio de trabajar con ustedes hombro a hombro, a través de Life Outreach International, brindando esperanza y sanidad a un mundo quebrantado.

Y a mi hijo, Christian. Eres una fuente constante de amor y aliento. Me encanta ser tu madre.

Por último, a mi esposo, Barry. Has andado y orado conmigo a través de cada página de este libro. Te estoy muy agradecida y te amo.

A Jesús, haces que cada día valga la pena vivir.

Notas

Capítulo 2. Admite que estás estancada y luchando

1. Shauna Niequist, *Bittersweet* (Grand Rapids: Zondervan, 2013), 94.

Capítulo 3. Cambia tu forma de pensar

1. Rick Warren, http://pastorrick.com/devotional/english/full-post/to-change-how-you-act-change-the-way-you-think.

Capítulo 4. Enfréntate al ¿Y qué si...?, aunque tengas miedo

1. R. V. G. Tasker, *The Gospel According to St. Matthew*, Tyndale Bible Commentaries, vol. 1 (Grand Rapids: Eerdmans, 1961), 168.

2. R. T. France, en William MacDonald, *Believer's Bible Commentary* (Nashville: Thomas Nelson, 1995), 266.

3. Cita de Jim Elliot, http://www2.wheaton.edu/bgc/archives/faq/20.htm.

4. Warren Wiersbe, *The Wiersbe Bible Commentary, Old Testament* (Colorado Springs: David C. Cook, 2007), 661.

Capítulo 5. Deja lo que no puedas controlar

1. Enciclopedia de Salud del Centro Médico de la Universidad de Rochester, https: //www.urmc.rochester.edu/encyclopedia/content.aspx?ContentTypeID=1&ContentID=3051.

Capítulo 6. Supera la decepción

1. Cita de Charles Spurgeon, https://www.goodreads.com/quotes/1403154-god-is-too-good-to-be-unkind-and-he-is.

Capítulo 7. Celebra tus cicatrices como tatuajes de triunfo

1. Augustus M. Toplady, himno «Roca de los siglos», dominio público.

2. C. H. Spurgeon, de un sermón pronunciado la noche del sábado, 30 de enero de 1859, en la capilla de New Park Street, Southwark, http://www.romans45.org/spurgeon/sermons/0254.htm.

Capítulo 8. Decídete a comenzar de nuevo... una y otra vez

1. Biblical Soul Care Harvest Bible Chapel, «Victoria sobre la vergüenza del abuso sexual», Association of Biblical Counselors (blog), Biblestudytools.com, https://www.biblestudytools.com/blogs/association-of-biblical-counselors/victory-over-the-shame-of-sexual-abuse.html.

2. Marcus Bockmuehl, *The Epistle to the Philippians* (London: A&C Black, 1997), 62.

Sobre la autora

Sheila Walsh creció en Escocia y es conocida como la «animadora» de las más de seis millones de mujeres con las que se reunió y a las que habló en todo el mundo. Le encanta su labor de maestra de Biblia, practicar la Palabra de Dios y contar su propia historia en cuanto a la manera en que Dios la encontró, cuando estaba hundida en lo más profundo, y la levantó de nuevo.

Su mensaje es: ¡DIOS ES POR TI!

A Sheila le encanta escribir y ha vendido más de cinco millones de libros. También es presentadora del programa de televisión *Life Today*, que se transmite en Estados Unidos, Canadá, Europa y Australia, y es visto por más de trescientos millones de espectadores al día.

Sheila dice que su hogar es Texas; vive en Dallas con su esposo, Barry; su hijo Christian y tres perritos: Belle, Tink y Maggie.

Puedes mantenerte en contacto con ella en Facebook en sheilawalshconnects, en Twitter en @sheilawalsh y en Instagram en sheilawalsh1.